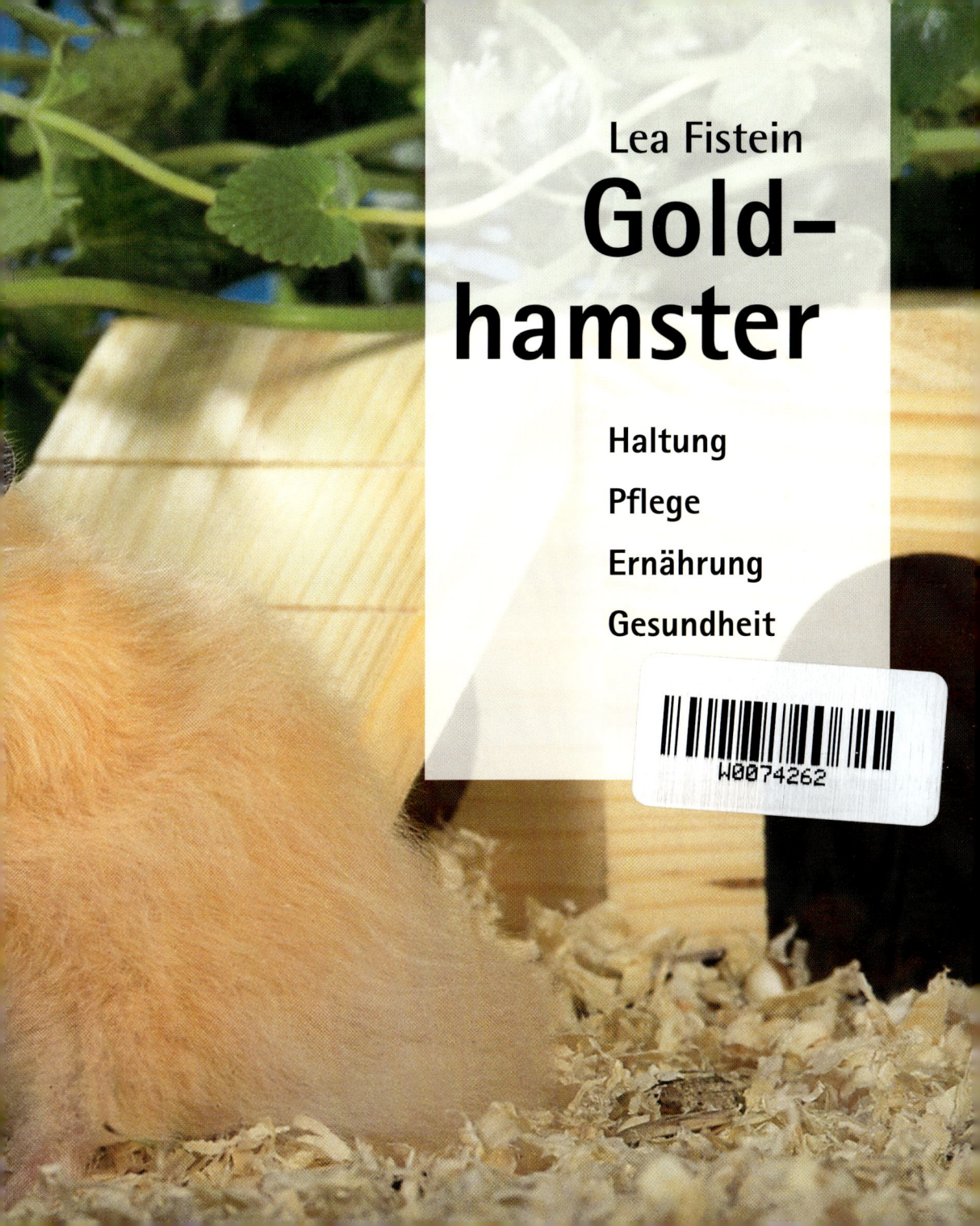

Lea Fistein

Gold-hamster

Haltung

Pflege

Ernährung

Gesundheit

Quick Info

Vom Wildtier zum Heimtier

Ein Hamster kommt ins Haus

Das gemütliche Hamsterheim

Quick Info

Der Goldhamster auf einen Blick

Durch sein drolliges Aussehen und seine Anspruchslosigkeit hat sich der Goldhamster zu einem der beliebtesten Heimtiere entwickelt.

Der Goldhamster im Größenvergleich

Der Goldhamster wird seiner Größe nach den so genannten Mittel-hamstern zugeordnet. Seine »handlichen« 15–18 cm, bei einem Gewicht von 85–180 g, machen ihn zwar zu einem idealen Spielgefährten für Kinder, trotzdem sollte er nie noch sehr kleinen Kindern unbeaufsichtigt überlassen werden. Wegen seiner geringen Größe wird er leicht über-sehen und verletzt, wenn er z. B. frei im Zimmer herumlaufen darf.

Die possierlichen Hamster können sehr zutraulich werden.

Der Goldhamster in Stichworten

Wesen

Goldhamster sind dämmerungs- und nachtaktive Einzelgänger, die sich durch ihre Lebhaftigkeit und Robustheit auszeichnen. Sie sind zwar oft recht launig, lassen sich jedoch mit etwas Geduld gut zähmen.

Pflege

Durch seine Anpassungsfähigkeit stellt der Hamster keine besonderen Pflegeansprüche. Langhaarige Rassen müssen gebürstet werden.

Bewegung

Hamster sind ausgesprochen lauffreudige Tiere, die täglich Bewegung brauchen – auch außerhalb des Käfigs.

Ansprüche

Der kleine Nager stammt aus kargen Lebensräumen mit wüstenähnli-chem Charakter. Das macht ihn relativ anspruchslos.

Das Leben mit dem Goldhamster

Wegen ihrer unkomplizierten Haltung und ihres lebhaften Wesens sind Goldhamster, unter richtiger Anleitung der Eltern, auch für Kinder ab 6 Jahren geeignet.

Das müssen Sie wissen

Quick Info

🐾 Goldhamster werden erst nachts richtig munter

➡️ Tagsüber sollten sie ungestört schlafen können und möglichst nicht geweckt werden, um Stress zu vermeiden

🐾 Goldhamster sind außerhalb der Paarungszeit Einzelgänger

➡️ Wollen Sie zwei Hamster halten, bringen Sie die Tiere in zwei getrennte Käfigen unter. Freundschaften bilden sich selten.

🐾 Der Goldhamster kann ausgesprochen launisch sein

➡️ Seien Sie bereit, ihn gegebenenfalls einfach in Frieden zu lassen, wenn er seine Ruhe haben möchte

🐾 Der Hamster braucht ständig etwas zum Nagen

➡️ Sorgen Sie dafür, dass ihm immer genügend nagetaugliches Material zur Verfügung steht

🐾 Hamster sind stressempfindlich

➡️ Vermeiden Sie jegliche Aufregung, weil sie die sowieso geringe Lebenserwartung deutlich herabsetzt

🐾 Goldhamster werden meist nur 2–2 ½ Jahre alt

➡️ Berücksichtigen Sie die Vor- und Nachteile dieser kurzen Lebenserwartung bei der Anschaffung

Es gibt viele geeignete Spielgeräte für die drolligen Nager.

Quick Info

Das Besondere am Goldhamster

🌿 Nur die vier **Schneidezähne** haben einen offenen Wurzelkanal und wachsen zeitlebens. Die 12 Backenzähne haben, im Gegensatz zu anderen Nagern, Wurzeln wie unsere Zähne.

🌿 Die **Backentaschen** dienen dem Transport der Nahrung in den Bau. Sie reichen bis zu den Schultern runter und der Hamster kann bis zu 18 g Futter darin verstauen. Entleert werden sie durch Ausstreichen mit den Vorderpfoten.

🌿 Die **Füßchen** des Goldhamsters sind unbehaart. Er besitzt vorne 4 und hinten 5 Zehen, die zum Graben, Klettern und Laufen besonders gut geeignet sind.

🌿 Goldhamster haben einen **doppelt-gekammerten Magen.** Das Futter wird in der großen Kammer vorverdaut, um anschließend im Hauptmagen vollständig aufgeschlossen zu werden.

🌿 **Vorsicht:** Wenn der Goldhamster geweckt wird, kann er äußerst mürrisch sein. Er benötigt etwas Zeit, um richtig wach zu werden, bevor er bereit ist, sich anfassen zu lassen.

Im Klettern sind die kleinen Gesellen wahre Meister.

Körperbau und Sinne

✤ **Geruchssinn:** Besonders ausgeprägt, er dient der Hauptorientierung, auch in der Dunkelheit. Der Hamster setzt Duftmarken mit seinen beidseitig angelegten Flankendrüsen und mit Kot und Harn, um sein Revier zu markieren.

✤ **Sehvermögen:** Für ein Nachttier nur unzureichend ausgeprägt. Farb- und Formsehen sind nur bedingt möglich. Dagegen ermöglichen die seitlich angesetzten Kulleraugen das Überblicken des gesamten Umkreises.

✤ **Gehör:** Gut entwickelt. Die Ohrmuscheln können zusammengefaltet werden, um einen ungestörten Schlaf zu gewährleisten.

✤ **Tastsinn:** Dient der Erkennung der näheren Umgebung. Tasthaare befinden sich im Gesicht, an den Pfoten und seitlich am Körper.

✤ **Vorsicht:** Da der Hamster sich besonders stark am Geruch orientiert, ist es wichtig, »hamsterfreundlich« zu riechen. Am besten vor dem Anfassen die Hände mit etwas Späne aus seinem Käfig einreiben, um seinen Geruch anzunehmen. Sonst beißt der Frechdachs schon mal zu.

Hamster nehmen aufmerksam Geräusche und Gerüche wahr.

Wie gehe ich richtig mit dem Goldhamster um?

✤ **Eingewöhnung:** Ermöglichen Sie Ihrem Hamster, sein neues Heim ungestört kennen zu lernen. Er will es erforschen, markieren und sein Nest bauen. Dazu benötigt er vor allem Ruhe und Zeit.

✤ **Tagsüber** mag der Hamster keinen Lärm (auch kein Kindergeschrei), weil er ungestört schlafen möchte. Stellen Sie den Käfig an einen Platz, der diese Ansprüche erfüllt.

✤ **Nachts** macht der Hamster oft sehr viel Lärm, weil er dann seine aktive Phase hat. Das Schlafzimmer oder Kinderzimmer ist nicht der richtige Raum für ihn.

✤ **Fütterung:** Der Hamster bekommt täglich frisches Körnerfutter und Grünfutter. Das Wasser muss jeden Tag erneuert werden.

✤ **Zähmung:** Seien Sie geduldig. Hamster sind vorsichtig und skeptisch. Sie freunden sich nicht gleich mit jedem an.

✤ **Vorsicht:** Stellen Sie den Käfig nicht an einen zu warmen (Sonne /Heizung) oder zu kalten Platz.

In seinem Schlafhäuschen fühlt sich der kleine Freund sicher und geborgen.

Was Sie vor der Anschaffung bedenken sollten

✤ Auch ein so kleines Tier braucht tägliche Fürsorge. Können Sie diese Zeit für Ihren Hamster aufbringen?

✤ Goldhamster sind sehr vermehrungsfreudig. Bei einer Tragzeit von nur 15–16 Tagen kann ein Weibchen 5–9 Junge werfen. Die Tiere sind mit 35 Tagen geschlechtsreif. Haben Sie den Verkäufer gefragt, ob Ihr Hamsterweibchen vielleicht Nachwuchs erwartet?

✤ Auch ein Hamster muss während des Urlaubs versorgt werden. Gerade in Haushalten mit Kindern fällt der Urlaub immer in die

Hauptreisezeit – (fast) alle sind in den Ferien. Haben Sie sich darüber Gedanken gemacht, wer den kleinen Nager in Ihrer Abwesenheit verantwortungsbewusst versorgt?

✤ Goldhamster kosten auch ein bisschen Geld. Abgesehen von der Anschaffung des Tieres, des Käfigs und der Einrichtung schlagen die Kosten für Futter und Einstreu zu Buche. Auch ein Besuch beim Tierarzt muss einkalkuliert werden. Sind Sie dazu bereit?

Vom Wildtier zum Heimtier

Goldhamster sind robust und anpassungsfähig. Ohne diese Eigenschaften hätten sie in ihrer Heimat, den kargen Steppenregionen der alten Welt, nicht überlebt. Sie gehören zu den Mittelhamstern und tragen die Bezeichnung *Mesocricetus auratus* oder nach ihrem Ursprungsland »Syrischer Goldhamster«.

Feldhamster leben in Europa und Asien. Sie sind überall vom Aussterben bedroht und gehören zu den geschützten Tierarten.

Zoologisch betrachtet, gehört der drollige Nager zu den Mäuseartigen *(Muroidea)* und der Familie der Wühler *(Cricetidea).* Die ersten Aufzeichnungen über den Goldhamster stammen aus dem Jahr 1839 von dem Zoologen G. Waterhouse. Doch es dauerte fast 100 Jahre, bis der Goldhamster 1930 nahe Aleppo, einer syrischen Wüstenstadt, durch Prof. I. Aharoni von der Universität in Jerusalem gefangen werden konnte. Bei einer Expedition stieß er auf einen Hamsterbau mit einem Muttertier und 12 Jungen. Davon blieben lediglich 4 Hamster am Leben, welche die Grundlage der späteren Hamsterzucht bildeten und als Vorfahren aller unserer heutigen Hamster angesehen werden. Erst nach dem Zweiten Weltkrieg wurden sie in Europa als Heimtiere eingeführt.

Der Großhamster

Der inzwischen sehr selten gewordene europäische Feldhamster *(Cricetus cricetus)* ist der einzige heimische Großhamster. Er erreicht eine Körpergröße von bis zu 30 cm und besitzt einen dunklen Bauch. Da er sich am Getreide zu schaffen machte und bis zu 50 kg Vorrat in seinem Bau hortete, wurde er fast vollständig ausgerottet und steht jetzt unter Artenschutz.

Die Verwandtschaft

Alle Hamster gehören zur Gattungsgruppe der *Cricetini,* die sich wiederum in vier verschiedene Gattungen einteilt: Großhamster, Mittelhamster, langschwänzige und kurzschwänzige Zwerghamster.

Der Mitttelhamster

Der **Syrische Goldhamster** *(Mesocricetus auratus)* gehört zu den Mittelhamstern. Er ist ein nachtaktives Steppentier, das wild lebend noch in Rumänien, Bulgarien, dem Kaukasus, Syrien, Israel und dem Nordwestiran vorkommt. Meistens erreichen nur die Wildformen die maximale Körpergröße von 18 cm und ein Gewicht von bis zu 180 g. Die Schwanzlänge beträgt ca. 1,2 cm. Der Name Goldhamster bezeichnet die Färbung der goldbraunfarbenen Wildform, die immer seltener gezüchtet wird. Diese Bezeichnung hat sich für alle Mittelhamster durchgesetzt, auch wenn die meisten davon nicht einmal annähernd goldfarbig sind.

Meistens trifft man die zahlreichen Zuchtvarianten, die sich in Fellfarbe, Zeichnung und Fellstruktur von der Wildform unterscheiden und etwas kleiner sind. Die Wildform ist bei uns nicht heimisch und hätte bei den hiesigen klimatischen Bedingungen draußen keine Überlebenschancen. Seine Beliebtheit verdankt der Goldhamster seinem knuffigen Aussehen mit den niedlichen Bäckchen und dem Fehlen eines langen nackten Mäuseschwanzes, der bei vielen Menschen leider immer noch Ekel erregt.

Syrischer Goldhamster

Die Zwerghamster

Der **Chinesische Streifenhamster** *(Cricetulus griseus)* erreicht eine Körpergröße von 6–12 cm und gehört zu den langschwänzigen Zwerghamstern (Schwanzlänge 2–3 cm). Er wiegt nur zwischen 35 und 45 g und ist graubraun mit hellem Bauch. Charakteristisch sind sein schwarzer Aalstrich am Rücken, sein schlanker Körper und sein spitzes Gesicht. Die Ohren sind klein und dunkel umrandet. Sein Fell ist sehr dicht. Die Weibchen gelten als äußerst aggressiv gegenüber Artgenossen.

Chinesischer Streifenhamster

Sehr viel friedlicher gegenüber Artgenosse, verhält sich der **Dshunga-rische Zwerghamster** *(Phodopus sungorus)*, der gern in größeren Familienverbänden gehalten wird. Er wird 7–10 cm groß, besitzt ebenfalls einen Aalstrich und behaarte Fußsohlen. Die Oberseite ist grau, die Unterseite weiß. Die kleinen grau behaarten Ohren haben weiße Ränder. Sein weißes Schwänzchen ist nur 1 cm lang. In freier Wildbahn wird sein Fell im Winter hellgrau bis weiß und dient so der Tarnung im Schnee. Er wird wegen seines Heimatlande, auch als Russischer oder Sibirischer Zwerghamster bezeichnet.

Der **Campbell-Zwerghamster** *(Phodopus sungorus campbelli)* stellt eine Unterart des Dsungaren dar und ist nur sehr selten im Handel zu finden.

Winzling auf schnellen Pfoten

Der Kleinste unter den Zwergen ist der **Roborowski-Zwerghamster** *(Phodopus roborovskii)*. Er wird nur 7–9 cm groß, ist falbgrau, mit einem Stich ins Gelbliche, einem weißem Bauch und behaarten Füßchen. Diese Färbung ermöglicht ihm die optimale Tarnung in der wüstenartigen Sandregion seines Ursprungslandes, der Mongolei. Typisch für ihn sind zwei symmetrische weiße Flecken über den Augen. Er kann unwahrscheinlich schnell laufen, was ihm in freier Wildbahn oftmals das Leben rettet. Er ist meist sehr scheu und schwer zu zähmen. Im Gegensatz zu seinen Verwandten gräbt er nur relativ unverzweigte Gänge, in denen er seinen Bau anlegt.

Wegen seiner geringen Größe kann er nur in einem Terrarium gehalten werden, weil er durch die meisten Gitterabstände schlüpft. Wichtig ist eine feste Abdeckung, da er bei seinen Fluchtversuchen in ungeahnte Höhen springt. Auch er fühlt sich in kleinen Familienverbänden am wohlsten und bevorzugt Sand als Einstreumaterial. Auch sein Schwanz ist nur 1 cm lang.

> **INFO**
>
> Bei Temperaturen unter 15 °C sinkt die Aktivität der wild lebenden Hamster. Sie verstopfen ihren Bau und fallen in eine Art Winterschlaf, bei dem Körpertemperatur, Atem- und Herzfrequenz auf ein Minimum reduziert werden.

> **ARTENSCHUTZ:**
>
> Der Feldhamster *(Cricetus cricetus)*, der Rumänische- oder Schwarzbrusthamster *(Mesocricetus newtoni)*, und der Balkan- oder Graue Zwerghamster *(Cricetulus migratorius)* gehören zu den geschützten Arten und unterliegen den Artenschutzbestimmungen.

Dsungarischer Zwerghamster

TIPP Sollten Sie sich für eine bestimmte Hamsterrasse interessieren, kann Ihnen ein Nagerverein Auskunft über Züchter in Ihren Nähe geben (Anschriften siehe Seite 62).

Die unterschiedlichen Rassen

Wie die Rassen aller anderen Haustiere entstanden die Rassen des Goldhamsters durch Mutationen und selektierte Zucht. Mutationen sind spontane, natürliche Veränderungen des genetischen Materials. In freier Wildbahn überleben nur solche Mutationen, die sich als vorteilhaft erweisen, und pflanzen sich dann fort. Unvorteilhafte Mutationen sterben einfach aus. In der Zucht selektiert der Züchter und entscheidet so, welche Mutationen sich gezielt fortpflanzen dürfen.

Der normalhaarige Goldhamster

Normalhaariger Gold-hamster

Am weitesten verbreitet ist der normalhaarige Goldhamster, der in vielen verschiedenen Farbvarianten gezüchtet wird. Die Fellstruktur gleicht der Wildform und es sind sowohl einfarbige als auch gescheckte Varianten möglich. Schecken-Goldhamster gelten als sehr aggressiv gegenüber Artgenossen, wobei dies von Tier zu Tier unterschiedlich ist und nicht so stark verallgemeinert werden sollte. Auch unter den Schecken gibt es ausgesprochen nette und friedliche Tiere. Bei echten Schecken sollte die Grundfarbe immer weiß sein, mit unterschiedlichen Flecken beliebiger Farbe.

Es gibt inzwischen unzählige einfarbige Hamster, deren Färbungen fantasievolle Namen wie Chocolate und Caramel erhalten haben und oft nur von erfahrenen Züchtern korrekt bezeichnet werden. Es gibt auch Albino-Hamster, die weißes Fell und rote Augen haben.

Die meisten Fellfärbungen sind mit Gerüchten über Charaktereigenschaften der Tiere behaftet. Kreme- und Albinohamster gelten z. B. als äußerst ruhig und friedlich, während schwarze Hamster als besonders nervös und temperamentvoll verschrieen sind. Wie den meisten Gerüchten sollte man auch diesen nur bedingt Glauben schenken.

Der Satinhamster

Satinhamster

Als besonders ausgeglichen gilt der Satinhamster mit seinem feinen, seidenartig glänzende Fell. Auch Satinhamster können in fast allen Farben vorkommen und sind sogar bei der Langhaarvariante vertreten. Besonders eindrucksvoll sind rote Satinfarbschläge, die dann wahrhaft die Bezeichnung »Goldhamster« verdienen. Satinhamster sind leider relativ selten und werden meist nur bei ganz engagierten Hobbyzüchtern angetroffen.

Der Rexhamster

Beim Rexhamster ist das Deckhaar auf die Länge der Unterwolle reduziert, was ihm ein samtartiges Aussehen verleiht. Oft ist die gesamte Behaarung leider nur sehr spärlich. Wie der normalhaarige Hamster kommt auch er in vielen verschiedenen Farbvarianten vor. Auch er gilt als Rarität.

Die Langhaarhamster

Die Langhaar- oder auch als »Teddyhamster« bekannte Zuchtvariante erfreut sich bemerkenswerter Beliebtheit. Den Tieren wird eine besondere Ausgeglichenheit und Freundlichkeit nachgesagt. Durch die zeitlebens wachsende Unterwolle bedürfen die Teddyhamster jedoch im Vergleich zu normalhaarigen Artgenossen einer relativ aufwändigen Fellpflege. Wie bei anderen Tierarten mit einer Angora-Zuchtvariante besteht auch beim Hamster die Gefahr der Qualzucht mit extremem, unnatürlichem Längenwachstum der Haare. Die Lebensqualität der Tiere wird dadurch stark eingeschränkt. So bleibt zu hoffen, dass die Menschen vernünftig genug sind, diese Art der Mutation nicht ins Unendliche auszuschöpfen.

Die Rassezucht

Die meisten beschriebenen Rassen- und Farbvarianten sind in Deutschland nicht leicht zu bekommen. Hier steckt die Nagerzucht noch in ihren Kinderschuhen. Rassestandards wurden bis jetzt nicht endgültig festgelegt und Austellungen finden verhältnismäßig selten statt. Die Hamsterzucht blüht vor allem in Amerika und England. Trotzdem bleibt natürlich die Frage, ob so eine Zucht, oftmals auf Kosten der Tiere, wirklich notwendig und sinnvoll ist. Entscheidend bleibt zum Schluss weder Farbe noch Rasse, sondern lediglich die Gesundheit und der Charakter des Tieres.

Rexhamster

Langhaarhamster

Ein Hamster kommt ins Haus

Nach gründlichen Überlegungen haben Sie sich endgültig für einen Goldhamster entschieden. Viele Vorbereitungen wurden vor seiner Ankunft erledigt und nun warten alle gespannt auf das Eintreffen des neuen Mitbewohners. Verhalten Sie sich zunächst ruhig und zurückhaltend – der Umzug ist Stress genug.

Goldhamster sind neugierig und untersuchen ihre Umgebung ganz genau. Sorgen Sie für Abwechslung im Hamsterheim.

Noch bevor Sie sich mit der Auswahl des richtigen Hamsters befassen, sollten Sie vorab einige Entscheidungen treffen. Wollen Sie Ihr Tier in einem Zoofachgeschäft erwerben, es über ein Zeitungsinserat von privat bekommen oder sogar einen Hobbyzüchter aufsuchen? Egal, für was Sie sich entscheiden, prüfen Sie kritisch die Haltung der Tiere und wie mit ihnen umgegangen wird. Es ist selten sinnvoll, aus Mitleid ein möglicherweise krankes Tier aus nicht tiergerechtem Bestand oder fraglicher Herkunft zu kaufen und später die Folgen in Form hoher Tierarztkosten zu tragen. Ganz abgesehen davon, dass man solche Händler nicht unterstützen sollte.

Ein Tier oder mehrere?

Goldhamster sind von Natur aus Einzelgänger. Sie kommen nur zur Paarungszeit zusammen, um bald darauf wieder getrennte Wege zu gehen. So ist Einzelhaltung für den eigenbrötlerischen Hamster die artgerechteste Haltungsform. Selbst bei Pärchen sind mit Eintritt der Geschlechtsreife die Auseinandersetzungen vorprogrammiert. Da solche Kämpfe einen immensen Stress für alle Beteiligten bedeuten, sind bei der Haltung mehrerer Tiere getrennte Käfige bereitzustellen.

Die Qual der Wahl

Die Auswahl des richtigen Hamsters erfordert viel Geduld und Sorgfalt. Da es sich beim Hamster um ein dämmerungsaktives Wesen handelt, machen Sie sich erst in den Abendstunden auf die Suche nach Ihrem neuen Freund. Ob ein Tier lebhaft ist oder ruhig, können Sie am Tag kaum feststellen. Die Jungtiere, die Ihnen angeboten werden, sollten zwischen 4 und 5 Wochen alt sein. Bei der kurzen Lebenserwartung eines Hamsters ist die Entscheidung für ein Jungtier sicherlich äußerst sinnvoll.

TIPP Lassen Sie sich beim Aussuchen Zeit und beobachten Sie die Hamster genau. Oft fallen dabei schon unterschiedliche Charaktereigenschaften auf.

Männchen oder Weibchen?

Das Geschlecht sollte, falls Sie nicht züchten wollen, nur zweitrangig sein. Die Männchen gelten zwar als friedfertiger und leichter zähmbar als ihre weiblichen Artgenossen. Sie riechen, im Gegensatz zu anderen Tierarten, sogar weniger intensiv. Aber diese geschlechtlichen Unterschiede sind von Hamster zu Hamster unterschiedlich stark ausgeprägt und sollten somit nur von untergeordneter Bedeutung bei der Auswahl Ihres Favoriten sein. Bei Goldhamsterweibchen ist der Abstand zwischen der Geschlechts- und der Afteröffnung sehr klein, bei Männchen viel größer. Es gibt genauso viele freundliche Weibchen, wie es mürrische Männchen gibt. Charakter wird nicht ausschließlich durch das Geschlecht bestimmt.

Ist das Tier gesund?

Viel entscheidender als das exakte Alter, das Geschlecht oder die Farbe Ihres Hamster, ist der Gesundheitszustand Ihres zukünftigen Freundes und der des gesamten Bestandes. Sicherlich kann man nie absolut sicher sein, ein gesundes Tier zu bekommen. Es gibt aber wertvolle Hinweise auf seinen gegenwärtigen Gesundheitszustand . Wie bereits erwähnt, sollten Sie Ihren Hamster aussuchen, wenn er aktiv ist. Nehmen Sie sich Zeit, die kleinen Nager zu beobachten. Sie sollten neugierig ihre Umgebung erkunden, sich putzen und hier und da ein kleines Häppchen in ihren Backentaschen verstauen. Darauf müssen Sie besonders achten:

✦ Sind die Augen klar und vollständig geöffnet, die Umgebung trocken und sauber?

✦ Ist die Nase mäßig trocken und ohne Ausfluss? Der Hamster darf nicht vermehrt niesen.

✦ Ist das Fell glatt (abhängig von der Rasse), glänzend und anliegend, ohne kahle Stellen oder Auflagerungen? Für Parasiten spricht ein auffällig intensives, hingebungsvolles Kratzen.

✦ Ist die Afterregion trocken, sauber und ohne Verklebungen? Betrachten Sie in diesem Zusammenhang alle Hamster in dem Käfig, da Verklebungen der Afterregion für schwere und meist ansteckende Erkrankungen des Verdauungstraktes sprechen. Bei Verdacht auf Durchfallerkrankungen sollte aus einem solchen Bestand besser kein Hamster ausgewählt werden.

✦ Machen die Bewegungen des Hamsters in seiner gewohnten Umgebung einen unbeschwerten Eindruck? Er darf weder steifbeinig herumstaksen noch mit aufgezogenem Bauch und Katzenbuckel in der Ecke sitzen.

Die Afterregion des Hamsters muss immer sauber sein, das Fell glatt und glänzend.

✦ Achten Sie auch auf Gleichgewichtsstörungen, da diese im Zusammenhang mit der gefürchteten Hirnhautentzündung auftreten können.

✦ Sitzt der Hamster ruhig in einer Ecke, muss es sich nicht unbedingt um ein friedliches oder zahmes Tier handeln. Es kann krank sein.

✦ Auch besonders hektische Bewegungen können auf eine Erkrankung hindeuten.

✦ Kleine Narben an den Ohrrändern oder am Schwanz sind meistens die Spuren von Kämpfen. Verhält sich das Tier sonst normal, spricht nichts gegen den Kauf.

✦ Die Ohren eines gesunden, wachen Hamsters sind neugierig aufgestellt. Kranke Tiere falten auch in wachem Zustand ihre Ohren zusammen, was gesunde Tiere nur beim Schlafen tun.

✦ Wenn von den Tieren, die zusammen in einem Käfig untergebracht sind, eines Krankheitssymptome zeigt, kaufen Sie auch kein anderes. Gehen Sie lieber zu einem anderen Händler.

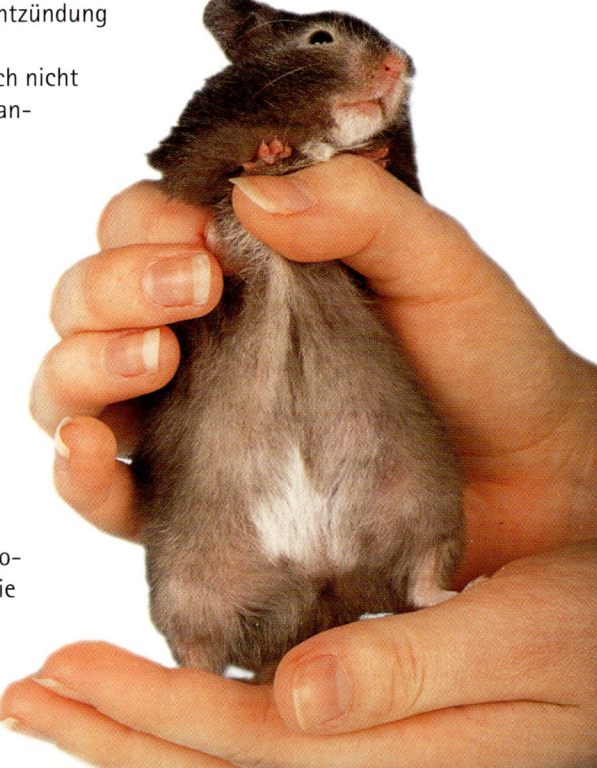

Der Heimtransport

Meistens wird der Goldhamster in einer kleinen Transportbox aus Pappe untergebracht. Dabei sollten Sie immer die Länge des Heimtransportes berücksichtigen. Schon so manch ein Hamster hat sich während einer langen Fahrt den Weg in die Freiheit genagt. Sind Sie länger mit ihm unterwegs, ist ein stabiler, luftdurchlässiger Plastik- oder Holztransportbehälter vorteilhafter, der später auch für die Besuche beim Tierarzt genutzt werden kann. Bieten Sie dem kleinen Freund etwas Reiseproviant an, damit er während des Transportes beschäftigt ist. Als Einstreu sollten Hobelspäne, Heu oder Papierschnitzel verwendet werden. Das ist bei Pappschachteln besonders wichtig, um ein Durchfeuchten des Bodens durch die Ausscheidungen des Hamsters während der Fahrt zu verhindern.

Falls Sie den Hamster bei niedrigen Außentemperaturen, starkem Wind oder Regen transportieren, decken Sie den Transportbehälter mit einem Tuch ab, um eine Unterkühlung des Hamsters zu vermeiden. Aber auch an heißen Sommertagen ist besondere Vorsicht geboten. Kleine Nager sind extrem hitzeempfindlich. Sie müssen Ihren Hamster gegen direkte Sonneneinstrahlung, vor allem im Auto, schützen, um die Gefahr eines Hitzschlags auszuschließen.

TIPP Bitten Sie den Verkäufer oder Züchter, Ihnen etwas von der Käfigeinstreu mitzugeben, damit sich der Hamster in seinem neuen Heim nicht ganz so fremd fühlt.

Die ersten Stunden

Ist der Heimtransport erst einmal überstanden, muss sich der kleine Freund zunächst mit seiner Umgebung vertraut machen. Dafür stellt man am besten den Transportbehälter einfach in das vorbereitete Hamsterheim und lässt den Neuankömmling selbst entscheiden, wann er bereit ist, die inzwischen vertraute Unterkunft zu verlassen, um sein neues Heim zu erforschen.

Überlassen Sie den Kleinen in den ersten Stunden sich selbst, damit er sein neues Zuhause gründlich inspizieren kann. Besteht nicht die Möglichkeit, dass er alleine und ungestört in einem Zimmer untergebracht werden kann, decken Sie den Käfig mit einem dünnen Tuch ab. Dadurch ermöglichen Sie ihm die nötige Privatsphäre. Alle Familienmitglieder – auch die kleinen – müssen den neuen Freund zunächst in Ruhe lassen. Vermeiden Sie laute Geräusche und Musik.

Der Beginn einer Freundschaft

Da der Hamster ein stark geruchsorientiertes Tier ist, beginnt die Freundschaft mit der Erkennung des Geruchs, den er bald mit seinem Futter zu assoziieren lernt. Er begreift schnell, dass die Hand mit Futter kein von oben kommender böser Greifvogel ist, sondern ihm wohlgesinnt. Dennoch sollten Sie in den ersten Tagen den Hamster möglichst wenig irritieren und am besten während seiner Schlafphasen für frisches Futter und Wasser sorgen. Er wird auch dann mit dem Geruch der ihn versorgenden Person vertraut.

Nach einer Eingewöhnungszeit von einigen Tagen beginnen Sie mit den ersten bewussten Annäherungen. Im Abschnitt über die Zähmung (Seite 26–27) wird beschrieben, wie man sich dem Hamster richtig nähert, ihn anfasst und hochhebt, ohne das aufgebaute Vertrauen zu zerstören. Wichtig ist vor allem eine gehörige Portion Geduld und Einfühlungsvermögen, die im Umgang mit allen Tieren von größter Bedeutung ist.

> **WICHTIG**
>
> Finden Sie vor dem Ankunftstag den idealen Standort für den Käfig, damit der neue Mitbewohner nicht gleich wieder umziehen muss. Das würde nur noch zusätzlichen Stress bedeuten.

Die Transportbox leistet auch gute Dienste, wenn ein Besuch beim Tierarzt fällig ist.

Hamster und Kinder

Der Goldhamster eignet sich durch seine handliche Größe und seine Pflegeleichtigkeit auch für Kinder. Wichtig ist, wie bei allen anderen Haustieren auch, dass die Eltern sich darüber im Klaren sind, die meiste Arbeit und vor allem die Verantwortung bleibt an ihnen hängen. So müssen die Eltern nicht nur einwilligen, sondern wirklich hinter der Entscheidung stehen, einen Hamster anzuschaffen.

Die kurze Lebenserwartung eines Goldhamsters sollte in diesem Zusammenhang eher als Vorteil betrachtet werden. Das heiß ersehnte Haustier, gleich welcher Art, verliert oft nur allzu schnell seinen Reiz und damit schrumpft auch das Interesse des Kindes. So ist manchmal nach zwei Jahren gerade der richtige Zeitpunkt für den Abschied von einer kurzen, aber intensiven Freundschaft. Man kann die Kinder auch nicht vor der Konfrontation mit dem Tod schützen und so ist es oftmals besser, wenn sie früh begreifen, dass der Abschied ein Teil unseres Lebens ist.

Für viele Kinder ist ein Hamster das erste eigene Tier, doch die Eltern tragen die Verantwortung.

Die Verantwortung liegt bei den Erwachsenen

Entscheidend ist das richtige Heranführen des Kindes an die Anschaffung und die Pflege des Tieres. Vergessen wir nicht, dass wir unseren Kindern immer ein Vorbild sein sollen. So ist eine unüberlegte Hals-über-Kopf-Anschaffung eines Hamsters mit Sicherheit der falsche Einstieg. Besser ist es, die Anschaffung mit der Familie eingehend zu besprechen und auf die mit der Anschaffung verbundene Verantwortung genauestens einzugehen. Sind wir uns selbst dieser Verantwortung nicht bewusst, können wir sie uns nicht von unseren Kindern erhoffen.

Sollten Sie wirklich auf den Überraschungseffekt zum Geburtstag oder Weihnachten nicht verzichten können, dann besorgen Sie nur das Zubehör für den Hamster, erkundigen Sie sich, wo man zu diesem Zeitpunkt junge Goldhamster bekommt und lassen Ihr Kind den neuen Freund selbst aussuchen. Die Vorfreude auf die Auswahl ist mit Sicherheit größer, als Sie es je vermutet hätten, und eine Auswahl des Kindes festigt oftmals die Bindung zu dem Tier.

TIPP Ein Hamster von Freunden zur Pflege in den Schulferien verschafft meist Einblick in die Ernsthaftigkeit des kindlichen Interesses.

Das richtige Alter des Kindes

Schwieriger scheint es, ein bestimmtes Alter für die Haltung eines Hamsters festzulegen. Kinder sind vollkommen unterschiedlich in ihrer Entwicklung und es hängt immer auch davon ab, wie viel Verantwortung die Eltern an der Heimtierhaltung tragen wollen. Grundsätzlich sind Kinder ab 6 Jahren in der Lage, unter richtiger Anleitung einen Hamster zu versorgen. Aber natürlich mag es schon 5–jährige geben, die das genauso gut können, und 8-jährige, die so ein Tier niemals in die Hände bekommen sollten.

Eltern müssen den Kindern die Pflege, den richtigen Umgang mit dem Hamster und den Respekt vor ihm als Lebewesen geduldig nahe bringen. Manchmal lernen die Kinder auch schnell durch den launischen Freund selbst, dessen Privatsphäre zu akzeptieren. Gefällt ihm etwas nicht, zwickt er schon mal in einen Finger. Hilfreich ist es sicherlich, wenn die Kinder, schon bevor ein Tier ins Haus kommt, lernen, dass Lebewesen keine (Spiel-)Sachen sind. Mit der richtigen Unterstützung der Eltern kann eine wunderbare Freundschaft zwischen Kind und Hamster entstehen.

WICHTIG

Eltern sollten unerfahrene Kinder anfangs lieber nicht mit ihrem Hamster unbeaufsichtigt lassen, da es schnell zu schwerwiegenden Unfällen kommen kann.

Hamster aneinander gewöhnen

TIPP Hamster aus einem Wurf sind leichter aneinander zu gewöhnen als fremde Tiere. Aber auch nach einiger Zeit der Freundschaft können wieder die Fetzen fliegen.

Wie bereits mehrmals erwähnt, sind Goldhamster von Natur aus Einzelgänger. In freier Wildbahn dulden sie nur zur Paarungszeit einen Partner, der bald darauf wieder vertrieben wird. So ist die Haltung eines einzelnen Tieres wahrscheinlich artgerechter. Trotzdem gibt es auch unter Hamstern manchmal Einzeltiere, die sich mit Artgenossen gut vertragen und die Gesellschaft eines anderen Hamsters, auch außerhalb der Paarungszeit, sichtlich genießen. Lässt man sich also von der eigenbrötlerischen Einstellung seines kleinen Freundes nicht abschrecken und möchte zwei Hamster halten, müssen sie behutsam aneinander gewöhnt werden.

I NFO

Die Paarungsbereitschaft wird von dem Weibchen durch spezielle Duftstoffe signalisiert. So findet das Männchen die Auserwählte und merkt, dass sie sich ihm gegenüber nicht aggressiv verhalten wird.

Kämpfe können tödlich enden

Die Grundvoraussetzung für eine spätere Hamsterfreundschaft ist zumindest anfangs immer die Unterbringung in zwei getrennten Käfi-

Manchmal gelingt es mit viel Geduld, zwei Hamster aneinander zu gewöhnen.

gen. Nur so lässt es sich verhindern, dass sich die Hamster nachts, während wir schlafen, erbarmungslose Kämpfe liefern, von denen wir erst am nächsten Morgen die Folgen sehen. Die Verletzungen, die sich diese Winzlinge zufügen, können verheerend sein und nicht selten auch den Tod eines der Kontrahenten zur Folge haben. Lassen Sie die Hamster wöchentlich ihr Heim tauschen. Beide Tiere können sich mit dem Geruch des andern vertraut machen.

Annäherung auf Raten

Erste Zusammentreffen der Hamster sollten immer auf neutralem Boden stattfinden, wo genug Versteckmöglichkeiten für beide gegeben sind und sie sich aus dem Weg gehen können. Das kann ein großer Karton mit kleinen Schachteln und Pappröhren sein. Lassen Sie die beiden aber nicht aus den Augen. Verlaufen diese Begegnungen nach einer Weile komplikationslos ab, kann der erste Versuch für ein gemeinsames Leben in einem frisch gemachten »neutralen« Hamsterheim stattfinden. Beobachten Sie die beiden »Freunde« genau. Kuscheln sie nach einiger Zeit zusammen in dem Häuschen, ist das Eis meistens gebrochen. Hamster sind jedoch immer ein wenig unberechenbar. Freundschaften halten gelegentlich nicht ewig.

Vorsicht! Katzen haben kleine Nager gelegentlich zum Fressen gern.

HAMSTER UND ANDERE HAUSTIERE

Allgemein gelten Hamster nicht als besonders verträglich gegenüber anderen Tieren, schließlich müssen sie sich und ihre Jungen in der freien Wildbahn ständig gegen Feinde verteidigen.

- Hunde und Katzen dürfen nie unbeaufsichtigt mit dem Hamster allein gelassen werden. Schnell wird aus einem »Freund« – motiviert durch Instinkt und Beutetrieb – ein »Abendessen«. Nur eine einzige Sekunde kann dann über Leben und Tod des Hamsters entscheiden.
- Andere Nager, die kleiner sind als der Hamster, wie z. B. Mäuse, werden vom Hamster, der als Gelegenheitsfleischfresser gilt, als Beute betrachtet und dienen in einem unbeobachteten Moment schnell seiner Eiweißversorgung. Größere Nager können den Hamster verletzten.
- Kleinvögel, wie Kanaris, sieht ein Hamster gelegentlich als Beute an, während größere Vögel und Papageien ihn schwerwiegend verletzen können.
- Natürlich gibt es auch ungewöhnliche Freundschaften zwischen Tieren unterschiedlicher Arten. Solche entstehen meist rein zufällig, sollten nicht erzwungen werden und besser unter unserer Aufsicht bleiben.

So wird Ihr Hamster zahm

Wenn Sie den Goldhamster hochheben wollen, nehmen Sie ihn in eine Hand ...

... und halten ihn gleich mit der anderen Hand fest, damit er nicht hinunterfällt.

Ungeduldig haben Sie und die ganze Familie die ersten Tage der Eingewöhnung abgewartet, in denen nur das Futter und Wasser gewechselt worden ist. In dieser Zeit hat sich der kleine Geselle mit der neuen Umgebung vertraut gemacht. Er hat gelernt, dass die Hand, die täglich in sein Revier greift, lediglich sein Futter wechselt und keine Gefahr bedeutet.

Gehen Sie dazu über, sein Futter abends zu wechseln, während der kleine Racker aktiv ist. Nach dem Futterwechseln kann die Hand etwas länger im Käfig liegen bleiben. Bald siegt die Neugier und der erste Kontakt, meist nur ein zaghaftes Beschnuppern, ist endlich vollzogen. Natürlich ist hierbei unterschiedlich viel Geduld erforderlich, denn es gibt sowohl sehr ängstliche wie auch sehr wagemutige und freche Typen. Ergreift der Hamster also nicht mehr panisch die Flucht, wenn Sie mit Ihrer Hand in den Käfig fassen, ist es Zeit für den nächsten Schritt.

Bieten Sie ihm Leckerbissen wie frisches Obst, Gemüse oder Mehlwürmer direkt aus der Hand an und warten Sie, bis er »anbeißt«. Anfangs wird er wahrscheinlich samt Leckerbissen möglichst schnell im Haus verschwinden, aber schon bald können Sie die Delikatesse einfach festhalten und der Hamster wird sie Bissen für Bissen aus Ihrer Hand mampfen. So kommen Sie Ihrem Hamster langsam näher. Bald können Sie ihn während dieser Ablenkung mit der anderen Hand ganz vorsichtig streicheln und anfassen, ohne dass er gleich die Flucht ergreift.

Hamster richtig hochheben und tragen

Es gibt verschiedene Methoden, den Hamster hochzuheben und zu tragen. Der einfachste Weg und für den Hamsteranfänger sicherlich am geeignetsten ist, dem Hamster eine Papprolle (Toilettenpapier) oder ein anderes, am besten auf einer Seite geschlossenes Behältnis anzubieten. Neugierig wie er ist, wird er hineinkriechen und kann dann samt Behältnis hochgehoben werden. Die nächste Möglichkeit ist, eine Hand unter das Tier zu setzen, mit der anderen Hand von oben über den Hamster zu greifen und so eine Art Höhle für ihn zu

Gut geschützt ist der kleine Nager, wenn Sie ihn mit beiden Händen aus dem Käfig heben.

imitieren, in der er sich sicher fühlt. Ähnlich ist eine Methode, bei der man beide Hände nebeneinander hält, Daumen zusammen, dann von oben über den Hamster greift und die Hände unter ihm schließt und so eine »Handvoll Hamster« hochhebt. Am besten, besonders bei zahmen Hamstern, funktioniert ein Umgreifen des Hamsters mit Daumen und dem Rest der Finger einer Hand zwischen den Vorder- und Hinterpfoten, gefolgt von einem sanften Schließen der Hand.

Wenn der Hamster getragen wird, ist es vor allem anfangs sicherer, ihm mit der anderen Hand von oben Schutz zu gewähren, damit er sich geborgen fühlt. Sinnvoll ist es, die ersten Versuche über einem Tisch, dem Sofa oder Bett zu machen. Unternimmt der Hamster doch einen Fluchtversuch und stürzt, fällt er nicht hart auf den Fußboden. Falsch ist es, den Hamster am Nackenfell hochzuheben, denn dies tolerieren nur ganz junge Tiere, die von ihrer Mutter getragen werden. Ältere Hamster reagieren oft extrem gereizt und es ist ihnen äußerst unangenehm. Beim zweiten Versuch wehren sie sich sehr kräftig, wenn es sein muss, mit Bissen.

Ist der Hamster an Sie gewöhnt, lässt er sich auch von oben umfassen und hochheben.

Heben Sie Ihren Hamster niemals am Nackenfell hoch. Er mag das gar nicht.

Mit Hilfe von Leckerbissen gewinnen Sie schnell das Vertrauen des kleinen Hamsters.

Das gemütliche Hamsterheim

Da der Hamster die meiste Zeit des Tages in seinem Käfig verbringt, sollten Sie unbedingt darauf bedacht sein, dass dieser alle Anforderungen des Tieres erfüllt. Im Tierschutzgesetz ist sogar verankert, dass die Unterbringung artgemäß und verhaltensgerecht sein muss. Schließlich soll er sich ja heimisch fühlen können.

Hamster haben ein großes Bewegungsbedürfnis. In einem Laufrad können sie nach Herzenslust rennen – so lange sie wollen.

Im Handel werden derzeit so viele verschiedene »Hamsterheime« angeboten, dass es schwierig ist, nicht den Überblick zu verlieren. Von den vielen Hamsterkäfigen sind nur wenige artgerecht. Oftmals beraten auch die Zoohändler nur unzureichend, sodass man doch selber die Kaufentscheidung für den richtigen Käfig finden muss. Dieses Kapitel soll dazu dienen, Ihnen die Suche zu erleichtern, indem es aufzeigt, worauf Sie achten müssen. Das gilt auch für alle anderen Einrichtungsgegenstände, mit denen Sie das Heim des kleinen Freundes ausstatten wollen.

Der richtige Standort

Wem dieses Thema anfangs unbedeutend erscheint, wird spätestens nach einer Nacht mit dem Hamster im Schlafzimmer seine Meinung ändern. Nachts sind Hamster äußerst aktiv und können durch Nagen, Graben oder Radlaufen ziemlich jedem den Schlaf rauben. Der Käfig sollte an einem tagsüber ruhigen Ort erhöht stehen und von einer Seite durch eine Wand oder Ähnliches geschützt sein. So fühlt sich der Hamster sicher. Der Raum, in dem der Hamster wohnt, sollte Zimmertemperatur (18-22 °C) und normale Luftfeuchte (40-70 %) haben.

Der artgerechte Käfig

TIPP Sparen Sie nicht an der falschen Stelle. Ein Käfig ist normalerweise eine einmalige Anschaffung und sollte so optimal wie möglich die Anprüche des Hamsters erfüllen.

Die beiden wichtigsten Punkte eines passenden Käfigs sind Geräumigkeit und Ausbruchssicherheit. Dazu kommt ein gemütliches Schlafhäuschen. Da der Hamster ein ausgesprochen bewegungsfreudiger Nager ist, sollte der Käfig möglichst groß und so nagefest wie möglich sein. Bewährt haben sich Kunststoffschalen mit Gitteraufsatz. Die Mindestmaße für einen Hamsterkäfig betragen 60 cm x 30 cm x 30 cm (L x T x H). Da der Hamster gern klettert, sind Querverdrahtungen vorzuziehen. Der Abstand zwischen den Gitterstäben darf 1 cm nicht überschreiten. Günstig sind verzinkte Gitterstäbe, da sie nicht rosten und ungiftig für den Hamster sind.

ACHTUNG

Meerschweinchen- und Kaninchenkäfige kommen wegen der großen Gitterabstände nicht in Frage. Der kleine Hamster würde sofort das Weite suchen.

Eine Haus mit mehreren Etagen

Besonders häufig werden heutzutage Mehretagenkäfige angeboten. Sie haben den Vorteil, dass der kletterfreudige Hamster beschäftigt ist und die oft zu geringe Länge durch eine großzügigere Höhe kompensiert wird. Wichtig bei diesen Käfigen sind mehrere Türen, damit Sie den Hamster überall erreichen können. Die Türen sollten so groß sein, dass Ihre Hand samt Hamster problemlos hindurchgeht.

Die verschiedenen Etagen machen es möglich, dem Hamster mit ein bisschen Fantasie eine abwechslungsreiche Mehretagenwohnung einzurichten. Die einzelnen Stockwerke sollten über Leitern, Stricke oder Naturäste erreichbar sein und aus Plastik, Holz oder sonstigem »fußfreundlichem« Material bestehen. Etagen aus Drahtgitterstäben und scharfkantige Schrägen sind unbedingt zu vermeiden, da sie Sohlenballenerkrankungen begünstigen. Käfige, die vollständig aus Plastik bestehen, sind wegen des schlechten Luft- und Wärmeaustausches für alle Lebewesen absolut ungeeignet.

WICHTIG

Bedenken Sie, dass der Käfig primär den Bedürfnissen Ihres Hamsters entsprechen sollte. Für ihn spielen Design und Farbe keine Rolle.

Ungeeignete Hamsterheime

An dieser Stelle sei warnend auf die aus Amerika stammenden Kunststoffbehälter hingewiesen, die eine extrem kleine Grundfläche mit verschiedenen bunten Plastikröhren und Plastikkugeln verbinden und fälschlicherweise als »Hamsterhome« bezeichnet werden. Sie ent-

sprechen keinesfalls den Bedürfnissen der Tiere und stellen nur ein
schlecht belüftetes Plastikgefängnis, aber mit Sicherheit kein gemütliches Heim dar. Das Gleiche gilt für Rundkäfige, die auch nicht als
tiergerecht gelten, da die Tiere sich nicht ihrem Schutzbedürfnis entsprechend in eine Ecke zurückziehen können.

Die »Luxusvilla«

Es besteht auch die Möglichkeit, zwei kleinere Käfige durch Dränage-
rohre oder Ähnliches miteinander zu einem gemütlichen Heim zu
verbinden. Wenn Sie genügend handwerkliches Geschick besitzen,
bauen Sie einen Hamsterkäfig den eigenen Wünschen entsprechend
selbst. Wichtig sind eine herausnehmbare Bodenwanne aus leicht zu
reinigendem Material und mehrere große Türen, durch die man den
Hamster ohne Probleme herausnehmen kann. Aus finanzieller Sicht
rentieren sich selbst gebaute Käfige nicht. Im Übrigen erfüllt manchmal ein großer »Vogelkäfig« die Anforderungen besser als ein speziell
für Hamster angebotene »Heim«.

> **ACHTUNG**
>
> Der Käfig sollte nicht in ei-
> nem Raum stehen, in dem
> die Temperatur unter 15 °C
> fällt, da der Hamster sonst
> in den Winterschlaf fällt.

*Ein Käfig mit mehreren
Etagen bietet dem kleinen
Kletterkünstler das richtige
Betätigungsfeld.*

Das Terrarium

Wegen des oben beschriebenen Problems des Luftaustauschs kommt als Terrarium auch nur eines mit seitlichem Luftgitter in Frage. In ausgedienten Aquarien kann die Luft ebenso wenig wie in den erwähnten Plastikkäfigen zirkulieren. Sollte dennoch ein ausgedientes Aquarium zum Einsatz kommen, ist darauf zu achten, dass die Höhe die Breite des Beckens nicht überschreitet, um eine ausreichende Luftführung sicherzustellen.

Zusätzlich ist auf gründliche Hygiene zu achten, da sich feuchte Luft im Bereich des Bodens ansammelt. Feuchte, mit Exkrementen verschmutze Späne verursachen äußerst unangenehme klimatische Bedingungen, was wiederum die Vermehrung von Keimen begünstigt.

TIPP In einem Terrarium lässt sich die Trinkflasche ganz einfach mit dem Saugnapfhalter eines Aquariumheizstabs befestigen.

Die Vorteile eines Terrariums

Durch die Glasscheiben kann man die Tiere ungehindert beobachten. Die Verschmutzung der Umgebung mit herausfallender Einstreu fällt weg. Es besteht sogar die Möglichkeit, so viel Streu hineinzufüllen, dass der Hamster richtige Gänge graben kann. Außerdem wird »Gitternagen«, eine bei Nagern häufig auftretende Stereotypie, verhindert. Bei Nachzucht von Jungtieren besteht nicht die Gefahr, dass sie zwischen den Gitterstäben hindurchschlüpfen.

Zu bedenken ist natürlich, dass Glas zerbrechlicher, schwerer und unhandlicher ist als ein normaler Käfig. Somit kommt bei der wöchentlichen Reinigung ein gewisser Mehraufwand an Arbeit auf Sie zu. Auch müssen die Scheiben regelmäßig geputzt werden.

TIPP Auch in einem Terrarium kann man eine zweite Etage einbauen, indem man sie an der Abdeckung mit vier Seilen oder Drähten befestigt.

Die Einrichtung

Glaswände sind für das Anbringen von Käfiginventar wie z. B. Trinkflasche und Klettermöglichkeiten etwas ungeeigneter, wobei das mit ein wenig handwerklichem Geschick und einigen Tricks ohne weiteres möglich ist. Gut bewährt hat sich das Fixieren von Gegenständen an Glaswänden mit Saugnäpfen, wobei diese immer auf ihre Festigkeit überprüft werden sollten. Der Hamster darf nicht durch herabstürzendes Inventar verletzt werden. Hinzu kommt meist ein finanzieller

Mehraufwand bei der Anschaffung eines neuen Terrariums im Verhältnis zum normalen Käfig.

Da in einem Terrarium Klettermöglichkeiten nur bedingt gegeben sind und ein Gitter zum Klettern nicht zur Verfügung steht, sollten die Mindestmaße 80 x 40 x 40 cm nicht unterschritten werden, um dem Hamster den angemessenen Lebensraum zu bieten. Terrarien müssen unbedingt eine obere Abdeckung haben. Hamster sind äußerst erfinderisch und entwickeln ungeahnte Fähigkeiten, wenn es ums Ausbrechen geht.

Auch ein Terrarium lässt sich mit etwas Geschick selber bauen. Achten Sie vor allem darauf, dass die zur Abdichtung verwendete Silikonmasse vollständig an der Innenseite entfernt wird. Der Hamster darf nicht daran nagen. Die günstigste Möglichkeit, an ein ausgedientes Aquarium oder besser noch ein echtes Terrarium zu kommen, ist über Zeitungsinserate. Letztendlich spielt es keine Rolle, ob Sie sich für einen Käfig oder ein Terrarium entscheiden. Beides kann ein gemütliches Zuhause für Ihren kleinen Freund werden, wenn es seinen Bedürfnissen gerecht wird.

In einem Terrarium versperren keine Gitterstäbe die Sicht auf den munteren Goldhamster.

Einrichtung und Zubehör

Die Ausstattung des Hamsterheims muss dem kleinen Gesellen Abwechslung und Sicherheit bieten. Achten Sie jedoch darauf, dass er sich an den Gegenständen nicht verletzen kann.

Die eigenen vier Wände

Das Schlafhäuschen stellt das wichtigste Inventar des Käfigs dar. Da der Hamster den größten Teil des Tages schlafend in seinem Häuschen verbringt, sollte es so komfortabel wie möglich sein. Der Hamster muss sich darin behaglich und geborgen fühlen. Bei den üblichen in Zoogeschäften angebotenen Kunststoffhäuschen mit einer Größe von 10–12 cm und einem Schlupfloch von 4 cm Durchmesser ist das mit Sicherheit nicht der Fall. Der Goldhamster kann sich darin nicht einmal seiner ganzen Länge nach ausstrecken. Mit gefüllten Backentaschen ist ihm der Zugang durch das Schlupfloch zu eng. Bei dem

Ausgehöhlte Kokusnussschalen mit einem großen Schlupfloch sind ein beliebtes Versteck.

Versuch, mit Gewalt durch das »Tor« zu kommen, schiebt der Hamster das ganze Häuschen durch den Käfig.

Das Häuschen muss dem Hamster genug Raum bieten, um seinen Futtervorrat darin zu lagern und noch gemütlich in seinem Nistmaterial seine Schlafkuhle einzurichten. Zusätzlich sollte man die Möglichkeit haben, gelegentlich den Hamstervorrat zu kontrollieren. Eine empfehlenswerte Alternative zu den winzigen Häuschen sind die in den Zoogeschäften als Wellensittichnistkästen angebotenen rechteckigen Holzhäuser mit aufklappbarem Deckel.

Das weiche Bettchen

Als Nestbaumaterial eignen sich alle natürlichen Stoffe wie z. B. Heu, Stroh und Zweige oder aber Zellstoff, nicht parfümiertes Toilettenpapier oder aus kurzen Leinwandfäden bestehende Scharpie. Die oft angebotene synthetische Hamsterwatte ist weniger gut geeignet, da sie zu Abschnürungen an den Füßchen und zu Verstopfungen der Backentaschen führen kann.

Der »Heimtrainer«

Da sich Hamster viel bewegen wollen und müssen, darf ein Laufrad in ihrer Behausung nicht fehlen. Dieses ersetzt aber nicht den täglichen Auslauf. Gut bewährt haben sich Metallräder, weil Plastikräder der starken Nagetätigkeit nicht standhalten. Der Durchmesser sollte mindestens 15 cm betragen, damit sich der Hamster beim Laufen nicht zu stark krümmen muss. Befestigen Sie das Rad gut, um ein Umkippen zu verhindern. Der Hamster könnte sich dabei verletzen.

Das Essgeschirr

Flache Tonschalen sind als Futternäpfe sehr praktisch. Um ständige Verunreinigungen zu vermeiden, stellen Sie die Schüsselchen möglichst nicht in eine Käfigecke, weil der Hamster dort bevorzugt seine Geschäftchen verrichtet. Als Wasserbehälter eignen sich die im Handel erhältlichen Nagertrinkflaschen. Näpfe sind wegen erhöhter Verschmutzungsgefahr weniger gut geeignet. Auf Futterschüsseln und Wasserbehälter wird im nächsten Kapitel näher eingegangen.

TIPP Mit etwas Geschick basteln Sie ein Häuschen selbst. Es sollte die Maße 20 cm x 12 cm x 12 cm (L x T x H) haben und einen Schlupflochdurchmesser von 5 cm. Achten Sie auf für die Tiere unschädliches Material.

WICHTIG

Verwenden Sie als Bodenbelag Kleintierstreu. Es besteht aus staubfreien Hobelspänen von nicht behandeltem Holz. Katzenstreu ist für die empfindlichen Hamsterfüßchen ungeeignet. Es ist sehr rau und führt leicht zu Verletzungen der Sohlenballen.

Notwendige Pflegearbeiten

Obwohl Hamster als äußerst pflegeleicht gelten, ist ihre Haltung durchaus mit etwas Arbeit verbunden. Der Hamster ist selbst sehr reinlich, putzt sich mehrmals am Tag gründlich und stellt dieselben Ansprüche an seine Umgebung. Die täglichen Arbeiten nehmen etwa 15 Minuten in Anspruch, während Sie für die wöchentliche Großreinigung mit einer Stunde rechnen müssen. Zu einer tiergerechten und hygienischen Hamsterhaltung gehört nun mal eine gründliche Reinigung des Käfigs und aller Einrichtungsgegenstände.

TIPP Ein Teddyhamster lässt sich wunderbar mit einer ausgedienten Zahnbürste kämmen. Seien Sie dabei sehr vorsichtig!

ARBEITSPLAN FÜR HAMSTERFREUNDE

Was täglich zu tun ist:
- Wasserbehälter reinigen und Wasser wechseln.
- Feuchtfutterreste entfernen und frisches Grünfutter anbieten.
- Futterschüssel säubern und auffüllen.
- Feuchte und schmutzige Späne aus Toiletenecke entfernen.
- Kontrolle des Hamstervorrates, ggf. Entfernung stark verschmutzten Futters oder Nistmaterials.
- Gesundheitscheck des Hamsters.

Was wöchentlich zu tun ist:
- Entfernen des gesamten Käfigbodenbelags.
- Gründliche Reinigung des Käfigs und der Utensilien mit milden, ungiftigen Reinigungs- und Desinfektionsmitteln (wie z.B. Essig) und warmem Wasser.
- Gründliche Reinigung der Futter- und Wasserbehälter.
- Auswechseln des Nestbaumaterials, falls erforderlich.
- Kontrolle der Käfigeinrichtung und Auswechseln der Gegenstände, die der Nagetätigkeit zum Opfer gefallen sind.

Körperpflege

Reinlichkeit hat äußerste Priorität für jeden gesunden Hamster. Entsprechend ist auch ein schlecht anliegendes, verklebtes Fell das erste Anzeichen für Unwohlsein. Andererseits ist eine exzessiv betriebene Fellpflege ein Zeichen für Parasiten oder andere Hauterkrankungen. So kann man allein durch die Beobachtung der Fellpflege einen Eindruck des Gesundheitszustandes bekommen. Wegen seiner langen Haare hat der Teddyhamster Probleme, seine Fellpflege selbstständig zu erledigen. Er benötigt unsere Hilfe und sollte mindestens zweimal wöchentlich gebürstet werden, damit sein Fell nicht verfilzt.

Zahnpflege

Da der Hamster zu den Nagern gehört, hat er vier wurzellose, zeitlebens wachsende Schneidezähne, die nur durch ausgiebige Nagetätigkeit die richtige Abnutzung erhalten. Deshalb sollte der kleine Kerl auch genügend Möglichkeiten haben, an verschiedenen Hölzern, Zweigen und hartem Brot seine Zähnchen zu wetzen. Wie beim Menschen gibt es beim Goldhamster auch Einzelfälle mit schiefen Schneidezähnen, die nicht aufeinander beißen und somit auch nicht abgenutzt werden können. Solche Zähne müssen regelmäßig vom Tierarzt gekürzt werden. Die Backenzähne sind so genannte »Wurzelzähne« und wachsen, im Gegensatz zu denen manch andere Nager, nicht zeitlebens, sodass Probleme nicht zu erwarten sind.

> **ACHTUNG**
> Ein verschmutzter, feuchter Käfig ist nicht nur für uns eine Geruchsbelästigung, auch für das Tier. Außerdem werden Atemwegserkrankungen begünstigt.

Hamster brauchen immer etwas Hartes zum Nagen, damit sich ihre Schneidezähne abwetzen.

Kein Platz für Langeweile

Es ist oftmals schwer vorstellbar, dass ein plumpes Kerlchen mit dicken Backen und einem unathletischen Hängebauch so akrobatische Fähigkeiten besitzt wie unser Hamster. Entgegen allen Meinungen sind Hamster äußerst aufgeweckt und lebhaft und benötigen deshalb reichlich Abwechslung, um in Übung zu bleiben. Langeweile führt zu Fettleibigkeit oder sogar Verhaltensstörungen und so genannte Stereotypien (wie z. B. Gitternagen).

Beschäftigungsmöglichkeiten halten den bewegungsfreudigen Hamster nicht nur fit, sondern bieten uns auch spannende und lustige Beobachtungen. Heutzutage lassen sich verschiedene »Spielsachen« für Hamster in den Zoogeschäften erwerben. Nicht alle sind aber wirklich geeignet und ungefährlich. An dieser Stelle sei z. B. auf die als »Hamster Jogging Ball« angebotenen Plastikkugeln hingewiesen, die weder als tiergerechte Beschäftigungsmöglichkeit noch als gesundheitlich unbedenklich betrachtet werden können. Aus Tierschutz-

Knorrige Holzstücke (Äste oder Wurzeln) sorgen für willkommene Abwechslung im Hamsterheim.

gründen werden sie in einigen größeren Zoofachhandelsketten auch nicht mehr angeboten.

Für natürliche Abwechslung im Käfig sorgen Äste, Baumrinden, frische Obstbaumzweige, Papprollen, Kokosnussschalen, Stricke, Holzleitern und viele andere Gegenstände. Bei dem Käfiginventar sind der Fantasie keine Grenzen gesetzt. Achten Sie lediglich darauf, dass die Gegenstände nicht scharfkantig sind und keine Verletzungsgefahr darstellen. Natürlich darf der Käfig nicht so zugestellt werden, dass der Hamster keinen Freiraum mehr hat. So bleiben die Möglichkeiten durch die Größe des Käfigs begrenzt.

Der Hamsterspielplatz

Den Bastlern unter den Hamsterhaltern bleibt natürlich noch die Möglichkeit außerhalb des Käfigs einen Spielplatz für den Hamster einzurichten. Dort hat man die Möglichkeit, ohne Rücksicht auf Platz und Nützlichkeit, seiner Kreativität freien Lauf zu lassen. Goldhamster lieben einen Sandkasten, denn dort können sie richtig graben. Sorgen Sie für eine hohe Umrandung, damit Ihr kleiner Freund nicht unnötig viel Sand hinauswirft. Je tiefer er graben kann, desto schöner für ihn. In der freien Wildbahn bauen die ja recht kleinen Tiere ihre Nester am Ende eines bis zu 2,50 m tiefen Baus.

Ansonsten können alle möglichen Klettergerüste, Äste, Tunnel, Wurzeln und Steine genutzt werden, um einen richtigen Abenteuerspielplatz zu basteln. Verschiedene Accessoires bekommt man auch in Zoofachgeschäften. Gegenstände aus dünnem Plastikmaterial sind ungeeignet. Sie werden nicht nur rasch zernagt, sondern es bilden sich zusätzlich scharfe Kanten, an denen sich die Tiere verletzen können. Natürliches Material wie Holz oder Kokosnussschalen ist immer vorzuziehen. Der Hamster kann darauf nicht nur herumklettern, sondern auch seinen Nagetrieb ungefährdet befriedigen. Die meisten Gegenstände, die einen Spielplatz richtig interessant machen, findet man bei einem Waldspaziergang. Außerdem riechen solche Gegenstände interessant. Der Hamster freut sich über jede neue Errungenschaft. Man muss nur sicher sein, dass die Fundsachen schadstofffrei sind. Sammeln Sie die Gegenstände nicht an einer stark befahrenen Straße, in der Nähe von Industrieanlagen oder dort, wo mit Pflanzenschutzmitteln gearbeitet wird.

In einem »Sandkasten« kann der Hamster graben und »baden«.

Auslauf im Zimmer

Natürlich kann der größte Käfig und der aufregendste Hamsterspielplatz den Auslauf im Zimmer nicht ersetzen, denn dieser ist durch die verschiedensten Gerüche besonders spannend. Der Hamster sollte möglichst 1–2 Stunden täglich frei umherlaufen dürfen. Es ist unbedingt erforderlich, den Raum vorher hamstersicher zu machen. Beginnen Sie mit dem Freilauf erst, wenn Ihr Hamster möglichst zahm ist, damit es beim Einfangen keine größeren Komplikationen gibt.

TIPP Stellen Sie am besten den Käfig, mit geöffnetem Türchen auf den Boden und lassen Sie den Hamster selbst bestimmen, wann er sich aus dem Käfig traut und wann er wieder zurück möchte.

Das hamstersichere Zimmer

Bedenken Sie bei der Suche nach »Gefahren« immer, wie klein Ihr Hamster ist und dass er zu den Nagetieren gehört.

✤ Verstecken Sie alle Elektrokabel vor dem fanatischen Nager und decken Sie alle Steckdosen mit Kindersicherungen ab.

✤ Schließen Sie die Türen. Verlässt jemand den Raum, passen Sie beim Schließen der Tür gut auf, damit der Winzling nicht eingequetscht wird.

✤ Schließen Sie alle Fenster, auch die Lüftungsklappen, damit der Hamster nicht hereinfällt oder eingeklemmt wird. Unterschätzen Sie nie die Kletterkünste des kleinen Akrobaten.

✤ Versperren Sie alle Ritzen, Spalten und andere mögliche Schlupfwinkel, um zu vermeiden, dass der Hamster darin verschwindet und das Einfangen erschwert wird.

✤ Trennen Sie sich von giftigen Zimmerpflanzen und stellen Sie auch keine giftigen Blumensträuße auf.

✤ Decken Sie glattwandige, mit Wasser oder sonstigen Flüssigkeiten gefüllte Behälter zu, in die der Hamster hineinfallen kann.

✤ Sperren Sie andere Tiere, die entweder den Hamster verletzen könnten (Fleischfresser oder große Vögel), oder die von dem Hamster verletzt werden könnten (Kleinvögel und Mäuse) aus.

✤ Bringen Sie giftige oder scharfe Gegenstände, die angenagt werden könnten (z. B. behandeltes Holz oder Nadeln), unbedingt aus seiner Reichweite.

✤ Lassen Sie den Hamster trotz aller Vorsichtsmaßnahmen nie völlig unbeaufsichtigt frei laufen.

ACHTUNG

Giftige Zimmerpflanzen:
✤ Alle Farne
✤ Gummibäume (Ficus)
✤ Rhododendron
✤ Geranien
✤ Wolfsmilchgewächse (Wunderbaum, Weihnachtsstern)
✤ Araliengewächse
✤ Aronstabgewächse
✤ Orleander
✤ Efeu
✤ Chrysantheme
✤ Hortensie
✤ Passionsblume
✤ Wandelröschen
✤ Stechapfel

Das Kunststück des Einfangens

Vor allem bei den ersten Ausflügen Ihres Goldhamsters erweist sich das Einfangen oft als eine wahre Geduldsprobe. Locken Sie Ihren kleinen Freund während des Auslaufs mehrmals zu sich heran, z. B. mit einem Leckerbissen, den er besonders mag. Sperren Sie ihn aber nicht gleich wieder in seinen Käfig. Der kleine Schlauberger begreift sonst nur allzu schnell, dass Ihre Freundlichkeit ein »böses« Nachspiel hat und er eingefangen wird, sobald er sich Ihnen nähert. Er wird sich hüten, seine kostbare Freiheit und den damit verbundenen Spaß gegen einen Leckerbissen einzutauschen.

Wurde er jedoch mehrmals mit abwechslungsreichen Häppchen verwöhnt, bevor er dann endgültig in sein Heim zurückmusste, wird er immer wieder neugierig zu Ihnen zurückkehren um herauszufinden, was ihn diesmal Spannendes erwartet. Wenn Sie großes Glück haben, schlüpft er von alleine wieder in sein Hamsterheim, wenn Sie gleich hinter die Tür einen Leckerbissen legen, den Ihr Hamster besonders gerne frisst.

> **ACHTUNG**
>
> Sollte der Hamster seinen Auslauf im Bad bekommen, schließen Sie unbedingt den Toilettendeckel. Der Hamster könnte sonst in die Toilette hinein fallen und ertrinken. Er kann sich an den glatten Wänden nicht halten.

Vorsicht beim Freilauf in der Wohnung: Kaum ein Versteck ist zu klein für den Winzling.

Spurlos verschwunden

Trotz aller Sicherheitsmaßnahmen kann es passieren, dass der geschickte Ausbrecher plötzlich spurlos verschwunden ist. Meistens bricht er nachts zu seiner aktivsten Zeit aus und schläft dann am nächsten Morgen in irgendeinem günstigen Versteck, wo er nur schwer zu entdecken ist. Manchmal verschwindet er auch bei seinem täglichen Auslauf und scheint dann wie vom Erdboden verschluckt.

Brechen Sie nicht in Panik aus! Überlegen Sie, wo der Hamster hindurchpasst und wo er sich am wahrscheinlichsten aufhalten würde. Möbel sollten besser gar nicht gerückt werden, weil man nicht sicher sagen kann, ob sich der Ausreißer vielleicht darunter befindet. Es könnte seinen Tod bedeuten.

TIPP Notfalls kann man eine Lebendfalle aufstellen, wenn alle anderen Versuche, den Hamster zu finden, scheitern. Die Fallen sind für das tierschutzgerechte Fangen von Mäuse im Zoofachhandel erhältlich.

Haben Sie Geduld

Den Hamster irgendwo einfach herauszulocken, klingt zwar viel versprechend, ist aber meistens ziemlich erfolglos. Wenn Sie überhaupt keine Idee haben, wo sich der Ausreißer gerade befindet, untersuchen Sie vorsichtig, aber gründlich alle Versteck- und Klettermöglichkeiten. Leuchten Sie mit einer Taschenlampe in dunkle Ecken. Wenn sich der Flüchtling mit Sicherheit in einem bestimmten Raum befindet, verriegeln Sie diesen hermetisch.

Haben Sie Ihren Hamster in irgendeinem Spalt geortet, können ihn aber nicht erreichen, bleibt die Möglichkeit, ihm seinen Käfig mit dem gewohnten Geruch anzubieten. Stellen Sie das Hamsterheim – mit einem Leckerbissen versehen – so nah wie möglich an das Versteck und hoffen Sie, dass er in sein vertrautes Heim zurückkehrt. Leider endet es allzu oft so, dass der Hamster lediglich seinen Futtervorrat und sein Nistmaterial aus dem Käfig in das neue Versteck räumt.

Der Futtertrick

Wenn man gar nicht weiß, in welchem Raum sich der Hamster befindet, funktioniert oft der »Futtertrick«. Denn auch ein zahmer Hamster, der bisher immer wieder brav in seinen Käfig ging, kann gelegentlich auf dumme Gedanken kommen. Man verstreut in den verschiedenen

Zimmern eine bestimmte Anzahl an Nüssen oder Sonnenblumenker-
nen und sieht am nächsten Morgen genau, welches Zimmer der Vor-
ratssammler behaust. Danach wird dieses verschlossen und der Raum
systematisch abgesucht.

Wenn die Freiheit zur Falle wird

Besteht die Gefahr, dass der flüchtige Hamster sich seinen Weg
irgendwie nach draußen in die freie »Wildnis« gebahnt hat, besteht
nicht viel Hoffnung auf seine Rückkehr. Zu viele Gefahren lauern
außerhalb der sicheren vier Wände auf den kleinen Freund. Möchte
man aber die Hoffnung noch nicht aufgeben, kann man den Käfig mit
Futter vor die Tür oder auf die Terrasse stellen und beten, dass der
Ausreißer den Weg nach Hause findet oder noch nicht zu weit weg
ist. Gegebenenfalls kann man sogar Zettel aushängen und das Tier-
heim verständigen und hoffen, dass ihn ein Kind in der Nachbarschaft
gefunden hat. Besser ist natürlich, von vornherein dafür Sorge zu tragen, dass der Hamster nicht nach draußen entkommen kann.

*Bei ihren Ausflügen durch
das Zimmer schlüpfen
Hamster gerne in offene
Schubladen.*

Tipps für den Urlaub

Erst einmal sollte man entscheiden, ob der kleine Freund überhaupt mit auf die Reise soll oder besser stressfreier in seiner gewohnten Umgebung von einer verantwortungsbewussten Person gepflegt und umsorgt wird.

ACHTUNG

Autofahrten in der Mittagshitze können extrem schnell zu Überhitzung und zum Tod durch Kreislaufversagen führen.

Der Hamster bleibt daheim

Dies ist natürlich die ideale Lösung, denn sie ist für den Hamster mit dem geringsten Stress verbunden. Er kann in seinem gewohnten Heim bleiben und auf Ihre Rückkehr warten. Für einen Hamster bedeuten Reisen unnötige Belastungen, keinesfalls Erholung. Da der Hamster ein geruchsorientiertes Tier ist, merkt er sehr schnell, wenn sich seine Umwelt verändert. Die Grenze seines Reviers ist nicht etwa das Käfiggitter, sondern der ganze Raum, und nur in seinem Revier fühlt er sich sicher und geborgen.

Schauen Sie sich rechtzeitig nach einer verantwortungsbewussten Person um, die sich in Ihrer Abwesenheit liebevoll um Ihren kleinen Freund kümmert. Im Idealfall kommt dann diese Person zu Ihnen nach Hause, versorgt einmal täglich den Hamster und beschäftigt sich ein wenig mit ihm. Natürlich besteht auch die Möglichkeit, den Hamster an einem Pflegeort unterzubringen. Sollte sich kein Freund oder Nachbar finden, der das Tier versorgen kann, bieten sich manche Zoofachgeschäfte, Tierheime und Tierpensionen für die Urlaubsversorgung Ihres Lieblings an. Verreisen sie nur 2–3 Tage, besteht auch die Möglichkeit, den Hamster mit genügend Futter und Wasser ausgerüstet alleine zu Hause zu lassen.

Ein Hamster geht auf Reisen

Bevor Sie Ihren kleinen Freund mit in den Urlaub nehmen, treffen Sie einige Vorbereitungen und klären Sie folgende Fragen:

☘ Erkundigen Sie sich, ob die Betreiber der Ferienunterkunft das Mitbringen von Haustieren erlauben.

☘ Bei Auslandsreisen: Brauchen Hamster eine Gesundheitsbescheinigung? Fragen Sie den Amtstierarzt.

✦ Falls Sie fliegen: erlaubt die Fluggesellschaft das Mitführen von Nagern in der Passagierkabine?
✦ Bei Auto- und Zugfahrten: Der Hamster sollte möglichst in seinem gewohnten Käfig reisen können.
✦ Falls der Hamster in einem anderen Käfig verreisen soll, gewöhnen Sie ihn einige Tage vorher daran.
✦ Schützen Sie den Hamster vor direkter Sonne und Zugluft, z. B. durch ein luftdurchlässiges Tuch, mit dem Sie den Käfig abdecken.
✦ Entfernen Sie Futter und Wasser aus dem Käfig. Beides würde nur unnötig verschüttet.
✦ Bieten Sie Ihrem Hamster in den Pausen etwas zu fressen und zu trinken an.

Überlegen Sie sich gut, ob Sie dem Tier und sich selbst den Stress einer Reise wirklich zumuten wollen. Vor allem längere Fahrten, die z. B. einen ganzen Tag dauern, sollten Sie unbedingt vermeiden. Bedenken Sie, dass Hamster extrem empfindlich auf Aufregung reagieren und ihre bereits sehr kurze Lebenserwartung noch weiter verkürzt wird.

Am liebsten ist es dem Hamster, wenn der Liegestuhl daheim in seinem Käfig steht.

Körner, Obst und knackiges Gemüse

Eine ausgewogene Ernährung ist zusammen mit einer artgerechten Haltung und Unterbringung die Grundlage für ein glückliches Hamsterleben. Der Winzling liebt abwechslungsreiche Kost und ist ein echtes Leckermäulchen. Es macht jedoch wenig Mühe, seine kleinen Futterwünsche zu erfüllen.

Erdnüsse aus der Schale pulen und genüsslich futtern gehört zu den Lieblingsbeschäftigungen der kleinen Nager.

Als Heimtier ernährt sich der Hamster vorwiegend vegetarisch, obwohl er eigentlich ein Allesfresser (Omnivore) oder Gemischtköstler ist. In freier Wildbahn lebt der Hamster hauptsächlich von Gräsern und Ähren, dennoch lässt er sich kleine Köstlichkeiten wie Maden, Käfer und sogar Kleinstsäuger, z. B. Jungmäuse, niemals entgehen. Diese Leckereien sind dazu bestimmt, den relativ hohen Eiweißbedarf dieser Nager zu decken.

Ansonsten stehen alle Getreidesorten, Sonnenblumen- und Kürbiskerne, Nüsse, Knospen und Zweige von unbehandelten Obstbäumen sowie verschiedenes Grünfutter auf dem Speiseplan.

Futter bedeutet Beschäftigung

In der Natur ist der kleine Hamster vorwiegend mit der Futtersuche beschäftigt und verschafft sich so die nötige Bewegung und seinen Zeitvertreib. In menschlicher Obhut bleibt ihm diese »Arbeit« erspart, aber auch die körperliche Aktivität. Hamster sind aber nun mal auf Bewegung programmiert. Mit etwas Kreativität kann man die Fütterung nutzen, um ihm gleichzeitig eine abwechslungsreiche Beschäftigung zu bieten. Verstecken Sie die Leckerbissen und lassen Sie ihn auch in seinem Heim auf Futtersuche gehen.

FUTTERLISTE

Knabberfutter:
- Cornflakes
- Knäckebrot (zerkleinert)
- trockenes Brot
- Hundekuchen/Hunde-trockenfutter
- Zwieback
- Erdnüsse
- sonstige Nüsse
- Bananenchips

Grünfutter
- Löwenzahn
- Kresse
- Wiesenklee
- Sojasprossen
- Sauerampfer
- Spinat
- Vogelmiere
- Blattsalat
- Spitzwegerich
- Endivie

Obst
- Apfel-/Birnenstückchen
- Kirschen (entsteint)
- Weintrauben
- Aprikosen/Pfirsiche
- Pflaumen
- Erdbeeren

Gemüse
- Mais
- Tomaten
- Paprika
- Broccoli
- Chicoree
- Blumenkohl
- Karotten
- Kartoffeln (gekocht)
- Gurken
- Zucchini
- Sellerie

Das schmeckt dem Goldhamster

Die Grundlage der Ernährung ist eine ausgewogene Trockenfuttermischung, die entweder als Hamsterfutter im Fachhandel erhältlich ist oder selbst zusammengestellt werden kann. Ist das Fertigfutter als Alleinfuttermittel deklariert, deckt es den normalen Bedarf des Hamsters. Trotzdem sollten Sie auf Grünfuttergaben nicht verzichtet.

Saftfutter und Lebendfutter

Unter Saftfutter versteht man Grünfutter, Obst und Gemüse (siehe Checkliste). Bieten Sie Ihrem Hamster zusätzlich zur Deckung des Eiweißbedarfs, vor allem bei tragenden und säugenden Tieren, in kleinen Mengen Mehlwürmer, Joghurt, Hüttenkäse, Magerquark oder Hundefutter an. Eiweißreiches Lebendfutter dient außerdem der abwechslungsreichen Beschäftigung und gibt dem Hamster die Gelegenheit, seinen Beutetrieb auszuleben. Außer Mehlwürmern eignen sich als Lebendfutter auch Grillen und Heuschrecken, die in Fachgeschäften angeboten werden. Das ist sicherlich eine artgerechte Bereicherung des Speisezettels, aber nicht jedermanns Sache.

... und immer etwas zum Nagen

Gutes staubfreies Heu muss dem Hamster als Nistmaterial und auch als Futtergrundlage jederzeit zur Verfügung stehen. Zur Befriedigung des Nagetriebs eignen sich Hundekuchen oder trockenes hartes Brot. Nagerstangen sind zwar besonders beliebt, sollten aber wegen des hohen Fettgehaltes nur äußerst restriktiv gefüttert werden. Bringen Sie unbedingte einen Salzleckstein im Käfig an, damit das Tier seinen hohen Salzbedarf decken kann.

Die eigene Mischung

Trockenfuttermischungen enthalten verschiedene Getreidesorten (z. B. Hafer, Mais und Weizen), Grünfutterpellets, Sonnenblumenkerne und Nüsse. Auch getrocknetes Obst und Gemüse können zugesetzt werden. Bei der eigenen Zubereitung besteht die Möglichkeit, die einzelnen Komponenten vielseitig zu variieren. Beim Fertigfutter schmeckt dem kleinen Feinschmecker oft dies und jenes nicht. Er sortiert es aus und lässt es liegen. Bei der eigenen Zubereitung können Sie sich ganz nach dem Geschmack Ihres Hamsters richten.

Ungezuckertes Müsli ist für viele Hamster ein wahrer Schmaus und kann mit den Bestandteilen aus der Knabberfutter-Checkliste oder beliebig aufgebessert werden. Vermeiden Sie Einseitigkeit. Alle eigenen Mischungen können Mängel an Vitaminen und Mineralstoffen aufweisen, die durch Vitamintropfen im Trinkwasser und Saftfutter aufgewogen werden müssen.

Futtermenge

Der Hamster benötigt pro Tag 15–20 g (ein gestrichener Esslöffel) Trockenfutter und die gleiche Menge Saftfutter (Grünfutter, Obst oder Gemüse). Das Saftfutter geben Sie ihm am besten abends, damit es möglichst frisch verspeist werden kann. Frisst er nicht alles auf, müssen Sie die Reste am Morgen aus dem Käfig nehmen und wegwerfen.

Mit saftigen Weintrauben machen Sie den kleinen Leckermäulern eine besondere Freude.

Trinkwasser – ja oder nein ?

Gelegentlich wird empfohlen, bei ausreichender Saftfutterration auf zusätzliche Wassergaben zu verzichten. Es ist aber nicht leicht abschätzbar, ob und wie viel Feuchtigkeit über das Saftfutter aufgenommen wird. Manche Hamster fressen sowieso fast nur Trockenfutter. Überlassen Sie es Ihrem Goldhamster, ob und wie viel Wasser er zusätzlich benötigt, um seinen Flüssigkeitshaushalt auszugleichen.

TIPP Das Grünfutter kann auch auf ungiftigen oder essbaren Blättern serviert werden oder auf das Schlafhaus gelegt werden.

Die praktischen Nagertränken

Ein Hamster nimmt je nach Futterbeschaffenheit 2–10 ml Wasser pro Tag auf, die Sie ihm in einer Tränkeflasche bereitstellen. Das Wasser muss immer frisch und sauber sein, was bei einer Trinkflasche leichter zu erfüllen ist als bei einer Schüssel. Wasserschüsseln verschmutzen sehr schnell und werden gerne umgekippt. Reinigen Sie die Wasserflasche täglich, um Algenbildung zu verhindern. Die Flaschen mit den Kugeln in den Röhrchen (Kugelventil) haben sich besonders bewährt. Die Kugel verhindert das Tropfen. Überprüfen Sie dennoch nach jedem Wasserwechsel die Flasche auf ihre Dichtigkeit.

Bringen Sie die Tränkeflasche so im Käfig an, dass sie vom Hamster leicht erreicht werden kann. Beim Trinken muss sich der Hamster aufstützen können, falls er das möchte. Der Platz direkt über der Futterschüssel ist ungünstig, weil die Flasche doch einmal auslaufen kann. Zur Reinigung von Wasserflaschen eignen sich Flaschenbürsten für Babyflaschen.

VORSICHT

Giftige Wild- und Gartenpflanzen:
- Hahnenfuß (Butterblume)
- Sumpfschachtelhalm
- Tollkirsche
- Fingerhut
- Bilsenkraut
- Mai- und Schneeglöckchen
- Mohnblumen
- Nachtschatten
- Adonisröschen
- Eisenhut
- Herbstzeitlose
- Eiche/Eicheln
- Eibe
- Stechapfel (Datura)
- Lupinenarten
- Nieswurzarten
- Alle Farne

Flache Futternäpfe

Als Futternapf eignet sich ein eher flaches Schüsselchen mit einem Durchmesser, bei dem der Boden von der angegebenen Futtermenge vollständig bedeckt ist. Hamster setzen sich gern zum Fressen in die Schüssel, was bei tiefen Schälchen mit nach innen gewölbten Rändern auch nicht vollständig vermieden werden kann. Diese tiefen Schüsselchen haben den Nachteil, dass meist viel Futter herausgescharrt wird auf der Suche, ob sich am Boden nicht doch noch etwas Besseres findet.

Gut geeignet sind entweder kleine glasierte Blumentopfuntersetzer oder flache Keramikschüsselchen, wie man sie in den Zoogeschäften bekommt. Ungeeignet sind Schüsseln aus Plastik, die besonders leicht umgeworfen werden. Die Fütterung ohne Schüssel direkt vom Boden wäre zwar natürlicher, ist aber wegen mangelnder Hygiene und schlechter Überprüfbarkeit der Futtermenge nicht empfehlenswert. Wichtig ist, dass die Futterschälchen leicht zu reinigen sind.

Stellen Sie den Futternapf nicht an der Wand des Käfigs auf. Das verleitet den Hamster nur, beim Versuch, sich an der Schüssel vorbeizudrücken, diese zu untergraben und dabei umzuwerfen. Dabei kann sich der Hamster verletzen. Er muss von allen Seiten an die Futterquelle herankommen. Für Grünfutter benötigen Sie keine gesonderte Schüssel, besser ist ein größerer Stein oder eine Rinde als Unterlage. Sie können es auch auf ungiftigen oder essbaren, größeren Blättern servieren oder auf das Schlafhäuschen legen. Hamster tragen ihre »Beute« gerne in einen geschützten Winkel oder in ihr Häuschen, um sie in Ruhe zu verzehren. Das Grünfutter kaufen Sie am besten in einem Bioladen.

TIPP Bieten Sie Ihrem Hamster mal ein Grasbüschel mit Erde an. Sie werden überrascht sein, was er daran alles an Essbarem findet.

Wie eine Nagertränke funktioniert, hat ein Hamster sehr schnell herausgefunden.

So bleibt der Hamster gesund

Unter optimalen Haltungsbedinungen mit viel Bewegung, richtiger Ernährung und wenig Stress überschreiten viele Hamster ihre durchschnittliche Lebenserwartung. Sie erfreuen sich bis ins hohe Alter bester Gesundheit. Das Wohlergehen unserer Tiere liegt zu einem wesentlichen Teil in unseren Händen.

Solange Ihr Goldhamster so munter und neugierig seine Umgebung erkundet, fühlt er sich wohl und ist sicherlich gesund.

Haben Sie sich Ihren Hamster sorgfältig ausgesucht, sind die Weichen für ein langes, gesundes Leben gestellt. Nun liegt es an Ihnen, die Gesundheit Ihres kleinen Freundes zu erhalten. Genetisch bedingte Erkrankungen kommen auch beim Goldhamster vor, sind aber glücklicherweise selten.

Vermeiden Sie Aufregungen

Die beste Vorsorge bietet eine stressfreie Umgebung. Konstante Unruhe und Lärm führen beim Goldhamster schnell zu einer herabgesetzten Widerstandsfähigkeit, die wiederum die Entstehung von Krankheiten begünstigt. Auf die Möglichkeiten der Stressvermeidung wurde bereits in vorangegangenen Kapiteln mehrmals hingewiesen. Bei der Wahl des Käfigstandortes, beim Umgang mit dem Hamster und beim Kontakt mit Artgenossen und anderen Tieren sollte dies besonders berücksichtigt werden. Alle Formen von dauerhaften Belastungen sind zu vermeiden. Dazu zählt auch eine muntere Kinderschar. Auch stundenlange Computerspiele mit ihren lauten Tönen nerven den kleinen Freund. Nur bei einer stressfreien Haltung fühlt sich der Hamster sicher und geborgen und beschert uns viele glückliche gemeinsame Stunden.

Erste Anzeichen erkennen

Wenn Sie sich regelmäßig mit Ihrem kleinen Hamster beschäftigen und ihn täglich beobachten, lernen Sie schnell seine Eigenheiten kennen. So ist es auch nicht allzu schwer, Veränderungen in seinem normalen Verhalten rechtzeitig zu bemerken. Meist wird der Hamster erst auffällig, wenn er abends nicht aus seinem Häuschen kommt oder gar sein Futter verweigert. Putzt sich der Hamster nicht oder liegt apathisch im Käfig, sind das wichtige Hinweise auf ein gestörtes Allgemeinbefinden, welches mit den meisten Erkrankungen einhergeht.

Leider sind solche Anzeichen bei Kleinnagern meist schon fortgeschrittene Symptome und eine Verschlechterung folgt relativ drastisch, da die Körperreserven bei so kleinen Tieren sehr schnell verbraucht sind. Suchen Sie so bald wie möglich einen Tierarzt auf, wenn Sie erste Anzeichen bemerken. Die Gesundheitscheckliste soll Ihnen helfen, die Vorboten einer Erkrankung rechtzeitig zu erkennen, damit Ihrem kleinen Freund rasch geholfen werden kann.

WICHTIG

Überprüfen Sie jeden Tag den Gesundheitszustand Ihres Hamsters. Wenn Sie warten, bis er nicht mehr aus seinem Häuschen herauskommt, ist es vielleicht schon zu spät.

Ein gesunder Goldhamster hat ein seidiges, glattes, glänzendes Fell und guten Appetit.

CHECKLISTE GESUNDHEIT

Gesunder Hamster	Kranker Hamster
lebhaft, agil und aufmerksam	Desinteressiert und apathisch
glattes, glänzendes und anliegendes Haarkleid ohne kahle Stellen oder extremen Juckreiz	glanzloses, struppiges Fell, evtl. gelichtete Stellen und Juckreiz bei Hauterkrankungen
trockene, saubere Nase, ohne Ausfluss	Niesen, röcheln, Nasenausfluss, evtl. sogar blutig
Augen sind klar und glänzend, ohne Ausfluss	trübe, teilweise sogar verklebte Augen, entzündlich umrandet, ggf. Augenausfluss
Analregion sauber, Kotabsatz normal	Verstopfung oder Durchfall mit Verschmutzungen der Analregion
gleichmäßig zylindrische Körperform	eingefallen oder ungleichförmig aufgetrieben
normale Körperhaltung und Bewegung	aufgezogener Bauch, aufgekrümmter Rücken, lustlose bis taumelnde Bewegung

Das Verhalten des Hamsters beobachten

Hinweise auf eine Erkrankung kann man auch aus dem Verhalten erkennen. Kontrollieren Sie deshalb täglich die verbrauchte Futter- und Wassermenge. Bei bestimmten Erkrankungen kann der Wasserbedarf drastisch ansteigen. Die Konsistenz des Kots, zu hart oder zu weich, kann ein erstes Symptom für eine Verdauungsstörung sein.

Beobachten Sie Ihren Hamster bei seinem täglichen Auslauf, um rechtzeitig Veränderungen in seinen Bewegungen zu erkennen. Vergessen Sie nicht, den Winzling täglich einmal hochzunehmen, um auch die Bauchseite und die Füßchen zu betrachten. Sonst übersehen Sie vielleicht etwas, was sonst nur zum Vorschein kommt, wenn Ihr Hamster auf dem Rücken liegt.

Sollte in der kalten Jahreszeit ein Transport zum Tierarzt notwendig werden, vergessen Sie nicht, Ihren kranken Freund sorgfältig zu »verpacken«, damit er sich nicht auch noch zusätzlich eine Erkältung holt.

WICHTIG

Ein gepflegtes Fell ist der beste Parameter für die Gesundheit Ihres Hamsters. Sollte sich Ihr Hamster auffällig häufig kratzen, sind oft Parasiten und andere Hauterkrankungen die Ursache. Fragen Sie Ihren Tierarzt um Rat.

Die häufigsten Krankheiten

Wie schon erwähnt, ist es bei den kleinen Nagern besonders wichtig, bereits bei den ersten Anzeichen einer möglichen Erkrankung den Tierarzt aufzusuchen, um möglichst frühzeitig eine effektive Behandlung zu beginnen. Verzichten Sie auf eigene Behandlungsversuche. Sie führen selten zum gewünschten Erfolg und kosten nur wertvolle Zeit. Wird der Hamster erst nach längerer Erkrankung einem Tierarzt vorgestellt, womöglich noch nach eigenen, gescheiterten Behandlungsversuchen, bleibt dem Tierarzt meist nur noch die Erlösung des leidenden Tieres.

Atemwegserkrankungen

Sie sind häufig die Folge von starken Schwankungen im Umweltklima oder einem zugigen Käfigstandort. Auch stark staubige Einstreu und mangelnde Käfighygiene können zu Atembeschwerden führen, die durch eine Ansiedlung von Keimen begünstigt werden. Hörbare Atemgeräusche, häufiges Niesen und leicht verklebte Augen sind die Anzeichen dafür. Es ist deshalb besonders wichtig, zusätzlich zu einer tierärztlichen Behandlung die Haltung zu optimieren.

ACHTUNG

Durchfallerkrankungen können vor allem bei Jungtieren sehr schwerwiegend sein. Es ist deshalb besonders wichtig, dass der junge Hamster möglichst bald fachliche Hilfe bekommt.

Verdauungsstörungen

Verstopfung oder Durchfall sind häufig die Folgen von falscher Ernährung, verdorbenem Futter oder schlechtem Trinkwasser. Bei Durchfall ist es besonders wichtig, sofort jegliches fetthaltige Futter (auch Trockenfutter) und Frischfutter aus dem Käfig zu entfernen und eine konsequente Diät (nur Heu, Knäckebrot und Zwieback) durchzuführen, um den Magen-Darm-Trakt zu entlasten. Handelt es sich um eine durch Futter bedingte Verdauungsstörung, tritt eine Besserung innerhalb eines Tages ein.

Da es sich jedoch nicht immer um haltungsbedingte Durchfallerkrankungen handelt und Ursachen wie proliferative Ileitis (»Wet Tail«), Endoparasiten und Salmonellose nur vom Fachmann diagnostiziert werden können, muss bei massiven oder unstillbaren Durchfällen immer der Tierarzt aufgesucht werden.

Hirnhautentzündung

Eine auf grund ihrer Übertragbarkeit auf den Menschen sehr gefürch-
tete Erkrankung ist die Hirnhautentzündung LCM (=Lymphozytäre
Choriomeningitis). Es handelt sich hierbei um eine seltene Virus-
erkrankung, die vorwiegend bei Jungtieren um den 3. Lebensmonat
auftritt. Meist verläuft sie (übrigens auch beim Menschen) als leichte
Erkältungskrankheit mit Bindehautentzündung. Eine schwere Ver-
laufsform ist äußerst selten, gilt aber als besonders gefährlich.

Die Inkubationszeit beim Menschen beträgt 1–2 Wochen. Eine
Risikogruppe stellen schwangere Frauen dar, bei denen das Virus
Fruchtmissbildungen und Frühgeburten hervorrufen kann. Heutzutage
stammen die meisten Hamster aus LCM-freien Zuchten, wodurch
eine Erkrankung des Hamsters kaum zu befürchten ist. Die Gefahr der
Übertragung kann man minimieren, indem man den Hamster erst mit
5 Monaten zu sich holt. Sollte jedoch ein Jungtier erkranken, muss
auch diese Krankheit in Erwägung gezogen werden. Suchen Sie un-
verzüglich einen Tierarzt auf.

*Gehen Sie rechtzeitig zum
Tierarzt, wenn sich das
Verhalten Ihres kleinen
Freundes verändert.*

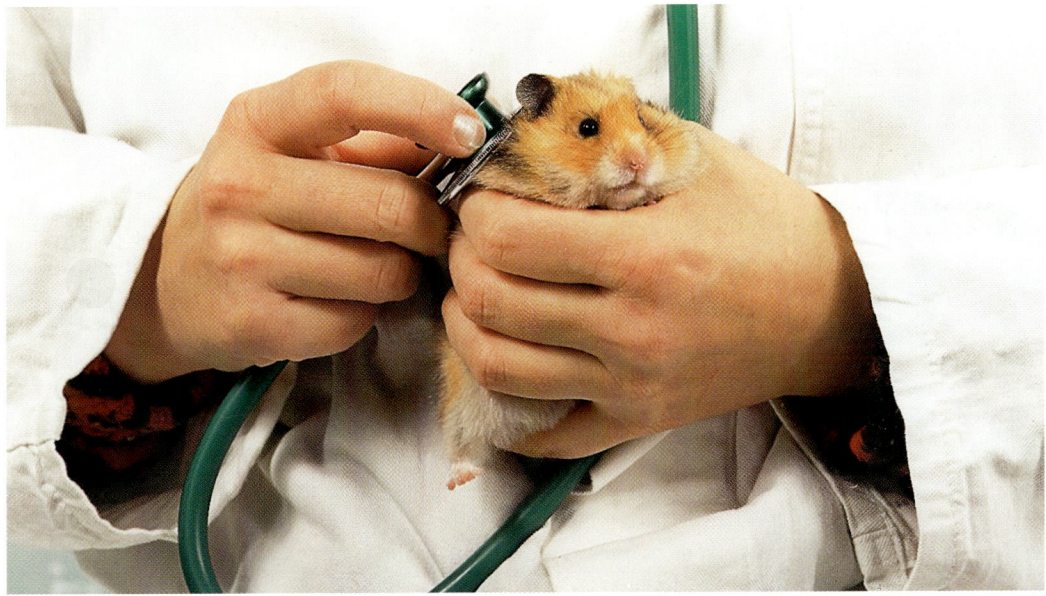

KINDER SPEZIAL

Was du im Umgang mit deinem Goldhamster beachten musst

Trotz seines drolligen Aussehens ist dein Hamster kein Plüschtier, sondern ein Lebewesen, das du respektieren musst. Mach ihm keine Angst und tu ihm nicht weh.

Dein Hamster schläft am liebsten am Tage und wird erst abends und nachts so richtig munter. Wenn du aus der Schule kommst und er macht gerade ein Nickerchen, dann weck ihn nicht auf.

Geh mit deinem Hamster immer sehr vorsichtig um. Im Anfang ist er ein bisschen scheu. Leg ein Stückchen Apfel oder eine Erdnuss auf deine Handfläche und warte, bis er von alleine ankommt und sich den Leckerbissen holt.

Wenn du deinen Hamster hochnimmst, achte darauf, dass er nicht herunterfällt. Bilde mit beiden Händen eine Höhle. Er fühlt sich dann geborgen und versucht nicht, aus lauter Angst davonzulaufen.

Lass deinen Goldhamster nie mit anderen Haustieren allein, auch wenn dein Hund oder deine Katze eigentlich ganz liebe Tiere sind. Für sie ist dein Hamster »Beute«, die sie fangen wollen.

Besonderheiten deines Goldhamsters

Dein Goldhamster will sich viel bewegen. Er rennt gerne herum und kann prima klettern. In seinem Käfig muss unbedingt ein Laufrad stehen, in dem er ausgiebig »trainieren« kann.

Dein Goldhamster kann ganz schön launisch und manchmal ein wenig bissig sein, vor allem wenn er aufwacht. Lass ihm Zeit, richtig wach zu werden. Zwickt er dich doch mal in den Finger, dann hat er Angst oder du hast im Umgang mit ihm einen Fehler gemacht.

Dein Goldhamster ist ein Nagetier und will immer etwas zwischen den Zähnen haben. Gib ihm eine kleine Pappschachtel oder die leeren Papprollen von Toiletten- oder Küchenpapier in den Käfig. Es gehört zu seinem natürlichen Verhalten, daraus »Kleinholz« zu machen.

Vorsicht:
Läuft dein Goldhamster frei in deinem Zimmer herum, musst du besonders gut aufpassen. Er klettert gerne an den Gardinen hoch. Alleine kann er nicht wieder herunterkommen und lässt sich dann einfach fallen. Dabei kann er sich sehr stark verletzen. Oder er versteckt sich irgendwo und kommt freiwillig nicht wieder hervor.

So leben die wilden Hamster

Hamster gibt es in verschiedenen Gegenden der Welt. Einige sind größer als dein Goldhamster, andere richtige Winzlinge. Die Landschaften, in denen sie leben, sind nicht besonders freundlich. Die Vorfahren deines Goldhamsters tummeln sich in den steppenähnlichen Gebieten Syriens. Das liegt im Nahen Osten.

Zwerghamster leben in Russland, Afghanistan und Pakistan im Gebirge in 4000 und 5000 Meter Höhe und in der riesigen mongolischen Wüste in Asien und in China. Dort wächst nicht viel außer ein paar Gräsern und anderen Pflanzen. Hamster fressen aber auch kleine Würmer und Käfer. Es gibt dort überall viele Steine und Sand. Zu Beginn des Winters bekommen einige Hamster ein weißes Fell, damit ihre Feinde sie im Schnee nicht so gut finden. Im Frühjahr wird ihr Fell dann wieder grau oder braun. Hamster graben lange Gänge in die Erde und bauen sich in einer kleinen Höhle tief unten ihr Nest.

Eine Hamsterart lebt auch in Europa und in Deutschland: der Feldhamster. Er ist viel größer als dein kleiner Goldhamster. Es gibt aber nur noch wenige Tiere und alle stehen unter Naturschutz. Man hat den Feldhamster früher richtig gejagt, weil er den Bauern Getreide stibitzt. Er hängt sich an die Stängel der Pflanzen, knickt sie um und pult die Körner aus den Ähren.

Hamster stopfen sich schnell ihre Backentaschen voll Körner, Samen und Nüsse und transportieren sie in ihre unterirdischen Gänge und Höhlen. Dort können sie in Ruhe fressen, weil ihre Feinde, z. B. Greifvögel und Wildkatzen, sie dann nicht erwischen. Hamster legen sich auch einen Vorrat für den Winter an. Wenn es draußen ganz kalt ist, bleiben sie in ihren Verstecken, schlafen viel und futtern ihre Lagerbestände auf.

So kannst du einen Hamsterspielplatz selber bauen

Obwohl dein Goldhamster manchmal etwas unbeholfen aussieht, ist er ein richtiger Akrobat, wenn er auf Futtersuche geht. Um ihm ein abwechslungsreiches Leben mit viel Beschäftigung zu ermöglichen, ist ein selbst gebauter Spielplatz eine optimale Lösung. Die Einrichtung kannst du leicht verändern und so bleibt der Abenteuerspielplatz für deinen kleinen Freund immer interessant.

Verteile kleine Wurzeln, Äste, Steine, Stricke, Pappröhren oder Schachteln in seinem Käfig. Wenn dir deine Eltern oder größeren Geschwister dabei helfen, kannst du für deinen Goldhamster auch Leitern und Brücken basteln. Besonders gerne gräbt er in einer kleinen Sandkiste – dann fühlt er sich fast wie in der freien Natur. Verstecke gelegentlich Futter zwischen den Gegenständen. Er geht dann auf die Suche und du kannst ihn gut beobachten, wie geschickt er sich dabei anstellt.

KINDER SPEZIAL

Serviceseiten

Wichtige Adressen

Deutschland
In Deutschland gibt es noch keinen überregionalen Verein oder Verband, deren Mitglieder sich ausschließlich der Haltung und Zucht von Hamstern widmen. Ein Forum finden Hamsterfreunde jedoch bei der Bundesarbeitsgruppe Kleinsäuger:
Verein der deutschen Kleinsäugerfreunde
Anjali Gutleber
Landshuter Straße 36
84187 Weng-Hörmannsdorf
Tel./Fax 0 87 02/86 55

Informationen und Hilfe bekommt man auch bei den Tierschutzorganisationen.
Deutscher Tierschutzverband e. V.
Baumschulallee 15
53115 Bonn
Tel. 02 28/60 49 60
Fax 02 28/6 04 96-40

Österreich
Wiener Tierschutzverein
Triester Straße 368
A-2331 Vösendorf
Tel. 01/6 99 24 50
Fax 01/6 99 24 50 98

Schweiz
Schweizer Tierschutz (STS)
Dornacherstraße 101
CH-4008 Basel
Tel. 0 61/3 61 15 15
Fax 0 61/3 61 15 16

Großbritannien
Gut organisiert sind die Hamsterfreunde in Großbritannien. Der Zentralverband hilft weiter:
British Federation of Hamster Clubs
10 Newark Road
Walkden
Worsly Lancs

Weiterführende Literatur
Alderton, David
Hamster und kleine Nager
Kynos, 1995

Barrie, Annemarie
Hamster As A New Pet
T.F.H. Publications, 1995

Gabrisch, K./Zwart, P.
Krankheiten der Heimtiere
Schlütersche, 1998

Schmidt, Günther
Hamster, Meerschweinchen, Mäuse und andere Nager
Ulmer, 1995

Spezialtipp für Tierfreunde
Lebendig und naturgetreu wirken Tiere auf Kohlezeichnungen von Martine Tunnat. Sie fertigt die Bilder nach Fotos an. Ein Porträt (Format 30 x 40 cm) kostet 170 Mark (86,79 €) plus Versandkosten.
Anschrift:
Martine Tunnat
Weiherstraße 2
71546 Aspach
Tel. 0 71 91/2 09 75
Fax 0 71 91/2 33 64

Sie finden uns im Internet :
www.falken.de

Dieses Buch wurde auf chlorfrei gebleichtem und säurefreiem Papier gedruckt.

Der Text dieses Buches entspricht den Regeln der neuen deutschen Rechtschreibung.

ISBN 3 8068 2556 4

© 2000 by FALKEN Verlag,
65527 Niedernhausen/Ts.
Die Verwertung der Texte und Bilder, auch auszugsweise, ist ohne Zustimmung des Verlags urheberrechtswidrig und strafbar. Dies gilt auch für Vervielfältigungen, Übersetzungen, Mikroverfilmung und für die Verarbeitung mit elektronischen Systemen.
Titelbild: U. Schanz, München
Umschlagrückseite: U. Schanz, München
Fotos: Reinhard-Tierfoto, Heiligkreuzsteinach: S. 11; U. Schanz, München: alle weiteren Fotos
Zeichnungen: U. Farkas-Dorner, Plouray/Frankreich; E. Wagendristel
Die Ratschläge in diesem Buch sind von der Autorin und vom Verlag sorgfältig erwogen und geprüft, dennoch kann eine Garantie nicht übernommen werden. Eine Haftung der Autorin bzw. des Verlags und seiner Beauftragten für Personen-, Sach- und Vermögensschäden ist ausgeschlossen.
Druck: Appl, Wemding

817 2635 4453 6271

Register

Pflegefehler – und die richtige Lösung

Zu kleines Laufrad

✦ Bei einem zu geringen Durchmesser muss der Hamster ständig in gekrümmter Stellung laufen. Dies führt auf Dauer zu einer Verbiegung der Wirbelsäule.

✦ Das Laufrad sollte mindestens 15 cm Durchmesser haben.

Der Hamster ist zu dick

✦ Zu viel bzw. zu fettes Futter oder zu wenig Bewegung.

✦ Reduzieren Sie stark fetthaltiges Futter wie Nüsse und Sonnenblumenkerne und bieten Sie dem Dickerchen dafür mehr Obst und Gemüse an. Nagerkräcker und sonstige Leckerlis sind übrigens echte Dickmacher.

Der Hamster hat zu lange Zähne

✦ Die Schneidezähne werden sichtbar und wachsen aus dem Schnäuzchen heraus. Das Tier kann nicht mehr richtig fressen.

✦ Geben Sie Ihrem Hamster möglichst harte Dinge zum Nagen, damit sich die Zähne abwetzen. Wenn das nicht hilft, kann eine Fehlstellung der Zähne die Ursache sein.

Ständiges Gitternagen

✦ Der Käfig ist zu klein oder eintönig eingerichtet.

✦ Zu wenig Nagemöglichkeiten oder Auslauf.

✦ Verschaffen Sie Ihrem Hamster viel Abwechslung durch frische Zweige und Äste, an denen er nagen kann, und sorgen Sie für genügend Auslauf.

Zwei Hamster in einem Käfig

✦ Auch wenn es anfangs den Eindruck macht, dass sich die Tiere vertragen, kann es bald zu heftigen Beißereien kommen.

✦ Besser ist es, immer einen zweiten Käfig in Reserve zu haben, um die Tiere notfalls trennen zu können.

Die Hinterbeine sind plötzlich gelähmt

✦ Der Hamster kann nicht richtig laufen und zieht die Hinterbeine hinter sich her.

✦ Fällt der Hamster aus größerer Höhe herunter, erleidet er oft einen Schock. Die Folge kann eine Lähmung der Hinterbeine sein. Meist gibt sich das von alleine. Achten Sie darauf, dass so etwas Ihrem Hamster nicht wieder passiert.